W0076451

Der Homo sapiens ist das am weitesten entwickelte und das lustigste Wesen auf dem Planeten Erde. So ist er sehr stolz darauf, sich an die Spitze der Nahrungskette hochgearbeitet zu haben, gibt damit aber selten in der Nähe eines Löwen oder Krokodils an. Nach Millionen von Jahren einer raffinierten Evolution gibt Paul Hawkins Ihnen hier endlich die erste Gebrauchsanweisung für den Menschen an die Hand. Er erklärt Ihnen, welche Modelle des Homo sapiens es gibt, wie man ihn wartet und seine Leistung optimieren kann. Daneben gibt er Hinweise zur Kompatibilität (Freunde, Feinde, Sex), zur artgerechten Aufbewahrung und zur Problembehebung. Ihr Homo sapiens will zum Beispiel am Morgen nicht aufstehen? Dann sollten Sie prüfen, ob er genug Energie geladen und ob er die Realität akzeptiert hat. Mit seinen Warnhinweisen und Tipps für Profis wird dieses Buch Ihnen helfen, viel Glück und Freude mit Ihrem Menschen zu haben.

Paul Hawkins ist Schriftsteller und Drehbuchautor. Seine lebenslangen Bemühungen, einen ordentlichen Job zu vermeiden, haben ihn nach Berlin geführt, ins Mekka der verlängerten Verantwortungslosigkeit. Der menschlichen Spezies ist er vor 27 Jahren zum ersten Mal begegnet. Seitdem hat er sie gründlich studiert und fasst hier seine bisher gesammelten Erkenntnisse zusammen.

Paul Hawkins

GEBRAUCHSANLEITUNG MENSCH

Bedienung
Wartung
Reparatur

**Aus dem Englischen
von Ingo Herzke**

**Mit zahlreichen Illustrationen
von Paul Hawkins**

C.H.Beck

Originalausgabe

© Verlag C.H.Beck oHG, München 2014
Gesetzt aus der Myriad Roman im Verlag
Druck und Bindung: Druckerei C.H.Beck, Nördlingen
Umschlagabbildung: Paul Hawkins
Printed in Germany
ISBN 978 3 406 66891 3

www.beck.de

INHALT

HERZLICHEN GLÜCKWUNSCH!

Sie haben sich für die Nutzung eines Menschen entschieden.

Zunächst einmal vielen Dank, dass Sie das allerneuste Modell des affenartigen Primaten gewählt haben, um den Planeten Erde zu erleben und zu erkunden. Natürlich werden auch einfachere Lebensformen angeboten (Schnecke, Baum u.ä.), und wir freuen uns, dass Sie zu einer Art mit erheblich weiter entwickelten Eigenschaften gegriffen haben. Wir halten das für eine kluge Wahl und hoffen, dass auch Sie zu dieser Ansicht gelangen werden: Die jüngsten technologischen Entwicklungen im Bereich *Hirn, Daumen & Beinstreckung*® machen den Menschen zu einer der unterhaltsamsten Lebensformen auf der ganzen Erde.

Denn im Unterschied zu anderen Tieren, die ihr ganzes Leben mit Fressen und dem Versuch, nicht gefressen zu werden, verbringen, besitzt der Mensch die einzigartige Fähigkeit, sämtliche langweiligen Problemchen der Natur zu lösen, und er kann sich daher ganz darauf konzentrieren, sein Leben so nett, kompliziert und lächerlich wie nur möglich zu gestalten. Durch eine unvergleichliche Kombination von hoch entwickelten Features wie *Denken*, *Raten*, *Handgebrauch* und *Gedächtnis* kann Ihr Mensch eine fast unbegrenzte Zahl von Dingen tun, zu denen andere Tiere einfach nicht in der Lage sind.

Wenn Sie also Ihren Menschen zum Einsatz bringen, können Sie ...

... Dinge erschaffen!

Mithilfe der unvergleichlichen menschlichen Vorstellungskraft sind Sie imstande, Dinge zu erfinden, die einzig und allein Menschen etwas bedeuten können, wie zum Beispiel Freitage, Flüche, Schnurrbärte oder Toaster.

... Spaß haben!

Außerhalb der Nahrungskette zu stehen heißt, vergnüglichen und absolut nicht lebensnotwendigen Aktivitäten nachgehen zu können, beispielsweise «Musik», «Freizeit», «Kuchenbacken» oder «Ausschlafen».

... Wissen weitergeben!

Sie haben einen absonderlichen abstrakten Gedanken? Schreien Sie ihn heraus! Beobachten Sie, wie er aus Ihrem Hirn in das eines anderen Menschen hüpft und dort ein ganz konkretes Durcheinander anrichtet!

... auf der Höhe der Zeit sein!

Der Mensch der Jetztzeit genießt alle Privilegien des historischen Fortschritts. Sie müssen also *Kühlschränke* und *Seife* und *kabelloses Internet* nicht erst erfinden, Sie können all das einfach gleich benutzen und sich wie ein futuristisches Genie fühlen!

... Witze machen!

Ein Mensch, eine Kuh und eine Ente kommen in eine Bar. Der Barmann fragt: «Soll das ein Witz sein?» Die Tiere machen bloß komische Geräusche, aber der Mensch sagt: «JA!» Menschen wissen nämlich, was ein Witz ist.

... grübeln!

Wasserstoff? Magneten? Kopfkissen? Was soll das alles? Ein Mensch ist im Grunde ein neugieriger, gefühlsgesteuerter

Computer auf zwei Beinen, und vor ihm liegt ein ganzes verrücktes Universum, über das man nachdenken kann.

... und wahrscheinlich noch ein paar andere Dinge.

All diese komplizierten Funktionen machen jedoch die Bedienung eines Menschen einigermaßen knifflig, weshalb man ihn nicht einfach in Richtung Gesellschaft drehen, ihm einen Klaps auf den Po geben und dann das Beste hoffen kann.

Vielmehr benötigt ein Mensch regelmäßige Wartung, sorgfältige Optimierung, qualifizierte Bedienung und zumindest gelegentlich die morgendliche Versicherung, dass seine Haare in Ordnung aussehen. Doch bei richtigem Umgang bietet keine andere Spezies ein so unglaubliches Potenzial an Unterhaltung, Frechheit, Überraschung, Spaß und sogar Erfüllung. Diese Anleitung verrät Ihnen, wie es geht.

Wir sagen also Danke und wünschen Ihnen Glück und so viel Freude mit Ihrem Menschen wie nur möglich!

IHR MENSCH AUF EINEN BLICK:
DIE WICHTIGE SEITE

Kapitel I

HARDWARE

Körper,
Gesicht & Organe

Füße sind hässliche, weniger nützliche Hände. Sie haben drei Haupteigenschaften: Sie sind lang und flach, so dass der Mensch in aufrechter Position das Gleichgewicht halten kann. Sie sind weit entfernt von Augen und Nase des Menschen, so dass es ihnen freisteht, zu stinken und lächerlich zu wirken. Und schließlich sind sie wie Schuhe geformt, so dass sie leicht in diesen zu verbergen sind. Das verhindert für den größten Teil des Tages Gestank und Lächerlichkeit.

Arme erledigen die meisten Aufgaben des Menschen. Sie enden in Händen und werden hauptsächlich zum Essen, Waschen, Zeigen und Bedienen von Werkzeugen verwendet. Weil die Arme die meistbeschäftigten Körperteile des Menschen sind, ist bei ihnen auch die Wahrscheinlichkeit am höchsten, dass sie in ein großes Zahnrad geraten.

Hände befinden sich zwischen Armen und Fingern und werden zumeist als Unterlage zur Aufbewahrung und Weitergabe von Gegenständen wie zum Beispiel Katzen benutzt. Sie sind mit Gelenken an den Armen befestigt und eignen sich gut dazu, Dinge fallen zu lassen. Mit etwas Zeit und Übung können Hände darauf trainiert werden, Gegenstände zu *werfen*, was im Grunde das Gleiche wie Fallenlassen ist, nur zielgerichteter.

Finger sind inzwischen ziemlich weit entwickelt, weil Menschen 90 % ihrer Zeit auf das Drücken von Knöpfen verwenden. Früher dienten die Finger nur gröberen Funktionen, für die weniger Geschick notwendig war, wie Schlagen, Quetschen, Schöpfen und Schaufeln.

Auf den **Daumen** sind die Menschen stolz wie auf keinen anderen Körperteil, weil sie damit die Leertaste der Computertastatur drücken und weil Daumen «opponierbar» sind, im Gegensatz zu den Daumen von Kühen, die nämlich gar keine haben. Kein Mensch benutzt je den Ausdruck «opponierbar», außer wenn es um Daumen geht, und darum sind sie auch so etwas Besonderes.

Beine werden nur zur Fortbewegung genutzt und sind eigentlich bloß wichtig, weil sie die Arme dorthin bringen, wo sie sein sollen. Darum ersetzen die Menschen auch vollkommen funktionsfähige Beine zunehmend durch Motoren, Räder und Fettleibigkeit.

Genitalien sind die wichtigsten Körperteile, denn hier werden die Entscheidungen getroffen. Die Genitalien gibt es in zwei unterschiedlichen Ausführungen: solche, die mit dem Gehirn zusammenarbeiten, und solche, die das nicht tun. Welche Sorte man besitzt, entscheidet über das Geschlecht.

Zehen sind gequetschte, haarige Fußfinger, welche die Evolution schon fast über Bord geworfen hat. Vor allem der kleine Zeh ist pro-aktiv nutzlos. Er hat keinerlei hilfreiche Funktion, außer vielleicht, den Kopf zu informieren, wenn er sich an einem Tischbein gestoßen hat. In etwa einer Generation wird er evolutionär verkümmern, und man wird sich so liebevoll an ihn erinnern wie an Hexenjagden und die Pest.

Knie dienen dem Menschen zur Positionsänderung. Wenn sie sich nicht fortbewegen, können Knie zwei Stellungen einnehmen: 180° gestreckt («Liegen»), wobei sie für die aufrechte Haltung des nächsten Tages aufgeladen werden; und 90° gebeugt («Sitzen»), wobei sie auf etwas warten. Menschen verbringen 95 % ihrer Zeit in einer dieser beiden Positionen und die restlichen 5 % auf dem Weg von einer zur anderen in einem unschönen Metallbehälter.

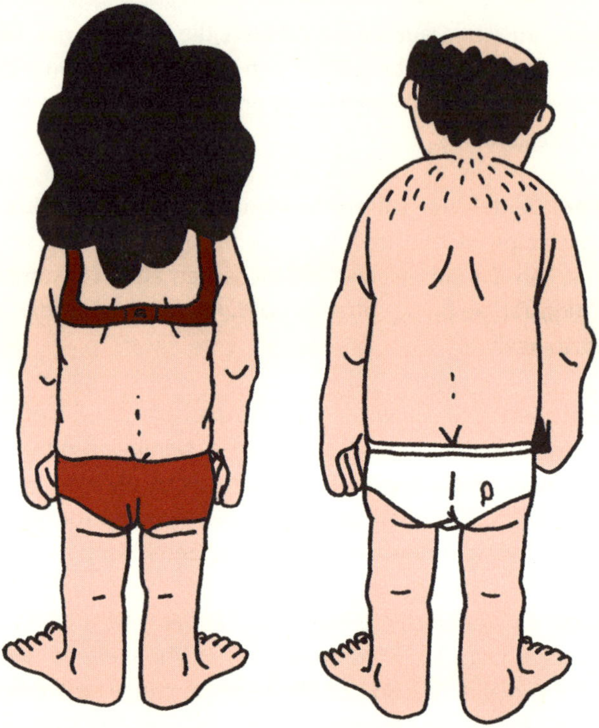

Ihr Mensch auf einen Blick: Die andere Seite

Schultern werden gebraucht, um Taschen aufzuhängen, Telefone ans Ohr zu drücken und Arme daran zu befestigen. Man kann außerdem damit *zucken*, wodurch Menschen theatralisch zu verstehen geben, dass sie aufgeben.

Pobacken sind zwei eingebaute Sitzkissen. Sie sind zwar auf ewig geteilt, doch sie arbeiten gut zusammen, wahrscheinlich weil sie so viel nebeneinander sitzen. In der Mitte zwischen den

Pobacken befindet sich eine Öffnung, die vor allem zur Ausscheidung von Abfällen genutzt wird, jedoch auch ein stinkendes Wort sagen kann, das Menschen «Furz» aussprechen. Das ist wahrscheinlich ihr Lieblingswort, vor allem, wenn der Po es laut sagt.

Achseln sind das meistbeschäftigte Gelenkstück des menschlichen Körpers, weshalb sie zur besseren Schmierung schwitzen müssen. Da sie sich dichter am Gesicht befinden als Füße und Po, ist es ihre Aufgabe, dem Menschen mitzuteilen, wann er sich waschen sollte.

Der **Hals** ist ein nützliches Scharnier, mit dessen Hilfe der Mensch in fast alle Richtungen blicken kann. Hätte er keinen Hals, könnte der Mensch so etwas wie den Himmel oder einen Hundehaufen gar nicht sehen, ohne vorher hinzufallen.

Brüste haben keinen allgemeinen und gleichen Zweck. Im Gegenteil, die eine Hälfte der menschlichen Brüste macht sämtliche Arbeit, während die andere Hälfte überhaupt nichts tut. Das hat zu erwartbaren Problemen bei der gerechten Aufteilung des Planeten geführt, wobei die meisten Menschen übereinstimmen, dass diejenigen, die gar nichts tun, viel mehr als ihren fairen Anteil bekommen.

Schienbeine sitzen vorne an der unteren Beinhälfte. Der Mensch benutzt sie wie ein Radarsystem – sie eignen sich hervorragend zur Ortung von Möbelstücken in stockdunklen Räumen.

ZUBEHÖR

Schutzhülle
Um in verschiedenen Lebens-
räumen existieren zu können,
müssen Menschen sich je nach
Umgebungstemperatur in unterschiedliche Arten und Formen
von Stoff hüllen. Menschen, die
an warmen Orten leben, tragen
gewöhnlich weniger Stoff, was
die Touristen anlockt.

Ladestation
Auf Sofas und Sesseln begibt sich der
Mensch tagsüber in Ruhestellung. Im
Unterschied zum Bett dient das Sofa
dem raschen und kurzfristigen Auf-
laden, wobei das Gehirn so weit funk-
tionsfähig bleibt, dass Fernsehen,
Konversation und das Bemerken von
Eindringlingen noch möglich sind.

Verbindungsgerät
Die meisten Menschen tragen ein mobiles
Telefongerät bei sich, denn dieses vereint
zwei wichtige Funktionen. Zum einen ermöglicht es dem Menschen, sich mit anderen Menschen zu *verbinden*, egal, wie weit
sie entfernt sind. Zum anderen ermöglicht
es ihm, andere Menschen zu *ignorieren*,
egal, wie nah sie ihm sind, indem er das

Gerät aus der Tasche zieht und so lange mit den Fingern darauf herumhackt, bis der andere Mensch verschwunden ist.

Accessoires

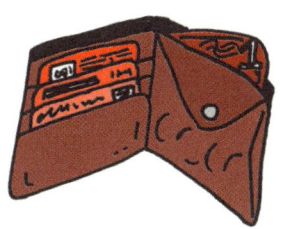

Der Mensch verwendet oft Brieftaschen oder Portemonnaies, um die wichtigsten kleinen Andenken an sein Leben aufzubewahren. Neben den Karten, mit denen er seine Identität nachweist, stecken darin häufig auch Fotos seiner Lieben, damit der Mensch sich daran erinnern kann, wie diese nicht mehr aussehen.

Schlüssel haben zwei magische Eigenschaften. Zum Ersten die Fähigkeit, Häuser zu öffnen. Zum Zweiten die Fähigkeit, innerhalb dieser Häuser sogleich zu verschwinden. Es gibt alle möglichen verschiedenen Schlüsselarten, weshalb Menschen regelmäßig in dasselbe Haus zurückkehren können, ohne sich sorgen zu müssen, dass inzwischen jemand anders darin wohnt.

Zubehörtasche

Man sieht Menschen häufig Taschen bei sich tragen, was ihnen gestattet, mehr zu transportieren, als in ihre Hände passen würde. Taschen können so gut wie alles aufnehmen, abgesehen von zahlreichen Dingen wie Wohnwagen, Suppe und Stachelschweinen.

Erweiterungen

Menschliche Hände sind für den Gebrauch
von Werkzeugen optimiert, weshalb Sie den
Gebrauchszweck Ihres Menschen kurzfristig
ändern können, indem Sie ihm etwas anderes in die Hand drücken.

Abbildung: Dieser Mensch hat einen
Schraubenschlüssel bekommen und ist nun mehr
als qualifiziert für die Arbeit als Klempner

DAS GESICHT

Der Kopf enthält das Gehirn und die Zunge, doch auf seiner Oberfläche befinden sich außerdem zahlreiche Sehenswürdigkeiten, die meist zu einem Gesamtkonzept namens «Gesicht» zusammengefasst werden. Jedes menschliche Gesicht ist ein klein wenig anders angeordnet, was den Menschen befähigt, über sieben Milliarden Artgenossen nicht auseinanderzuhalten.

Auf einen Blick
Augen werden zum Schauen, Sehen, Beobachten und Anstarren benutzt. Zudem sind sie wichtig, um andere Menschen zu beurteilen und Sachen zu finden. Sie müssen stets feucht gehalten werden, was durch einen Vorgang namens «Blinzeln» gewährleistet wird, den man am besten synchronisiert (mit nur einem Auge zu blinzeln heißt «Zwinkern» und gilt, sofern es in der Öffentlichkeit geschieht, als altmodisch). Augen reagieren empfindlich auf Licht, Traurigkeit und Fingerstechen.

Die **Nase** testet im Voraus, ob Dinge essbar sind oder nicht. Sie hat zwei Funktionsmodi: Riechen und Atmen. Anders als das Ohr, das Auge oder die Augenbraue hat die Nase kein passendes Pendant und fühlt sich daher oft ganz allein im Gesicht. Es gibt natürlich auch noch den einsamen Mund, aber leider kann die Nase den Mund nicht hören, weil Nasen keine Ohren haben – dafür allerdings Wurzeln, Flügel und ein Bein.

Der **Mund** verbindet das Hirn eines Menschen mit dem eines anderen durch Reden. Er wird auch zum Essen und Atmen benutzt, zwei lebenswichtige Vorgänge, die es einem erlauben weiterzureden, ohne Gewicht zu verlieren oder zu ersticken. Manchmal wohnt der Mund unter einem bürstenartigen Scherzartikel namens «Schnurrbart», der die Erfahrung des Essens um das Element des Kitzelns erweitert.

Die **Zunge** ist ein kräftiger Muskel, mit dem der Mensch sich Essen aus den Zähnen pult und an Dingen leckt. Zungen sind meist nass, weshalb man mit ihnen gut Feuer löschen kann.

Zähne besitzen Menschen, die ihre drei täglichen Portionen festen organischen Materials nicht schlabbern, lutschen oder mümmeln wollen. Nicht so gut reagieren Zähne auf Wein, Kaffee und Zigaretten, weshalb Menschen, die viel trinken und rauchen, lieber schlechte Zähne haben.

Ohren sind das Gegenstück zum Mund. Manche Menschen sagen, weil man zwei Ohren und nur einen Mund hat, solle man doppelt so viel zuhören wie reden. Häufig werden diese Menschen darauf hingewiesen, dass man auch einen Mund und zwei Beine hat, was wohl bedeutet, dass man den Mund halten und abhauen sollte.

Haare hören nie auf zu wachsen. Leider sind sie aber auch eines der wichtigsten optischen Erkennungsmerkmale sozialer Gruppen, und das heißt, dass Menschen sie regelmäßig in die gleiche Form schneiden müssen, damit sie vom Stammesverband ihrer Freunde und Verwandten wiedererkannt werden. Wenn die Haare ausfallen, werden sie durch eine Glatze ersetzt.

ANMERKUNG ZUM DESIGN

Wie alle diese Gesichtsmerkmale angeordnet sind, bestimmt die Stellung des jeweiligen Menschen auf der Attraktivitäts-skala, nach der die Gesellschaft funktioniert:

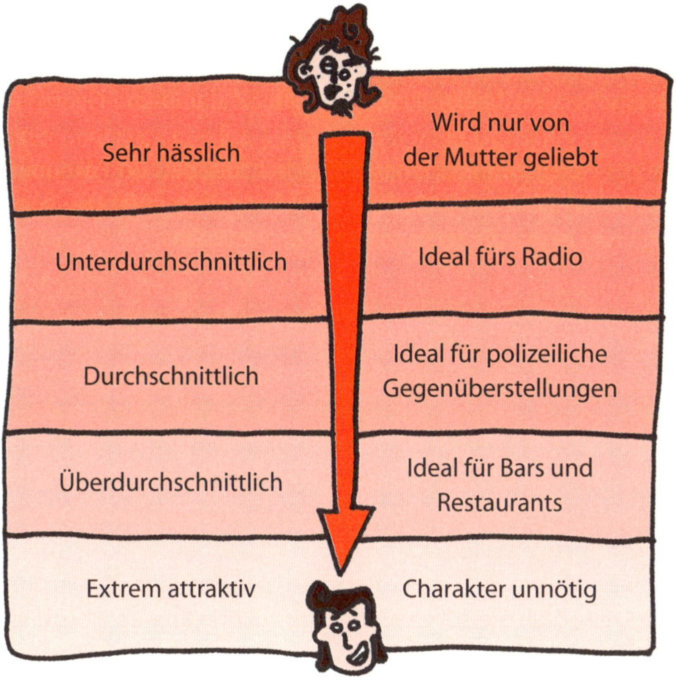

Sehr hässlich	Wird nur von der Mutter geliebt
Unterdurchschnittlich	Ideal fürs Radio
Durchschnittlich	Ideal für polizeiliche Gegenüberstellungen
Überdurchschnittlich	Ideal für Bars und Restaurants
Extrem attraktiv	Charakter unnötig

ACHTUNG!

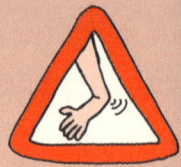

Benutzung der Knochen

Knochen sind *nicht* zum Brechen gemacht. Dennoch wachsen sie wieder zusammen und sind hinterher sogar noch stärker, weshalb sie eine sofortige, aufregende und leicht verfügbare Möglichkeit bieten, lästige Aufgaben zu umgehen.

Bevorzugter Anlass zum Knochenbruch ist für die meisten Menschen das *Skifahren*, denn Urlaub ist eine prima Gelegenheit, der Arbeit zu entkommen, und Krankenhäuser sind eine prima Gelegenheit, nicht an den Arbeitsplatz zurückzukehren. Wenn ein Skiurlaub außerhalb Ihres Budgets liegt, ist ein simpler Sturz eine tolle und preisgünstige Alternative.

Benutzung der Gelenke

Gelenke sehen alle ähnlich aus, aber sie haben ganz spezifische Aufgaben, darum sollten sie *nicht* vertauscht werden. Das Ellbogengelenk ist beispielsweise bestens darauf eingestellt, Essen zum Mund zu transportieren, während das Kniegelenk nicht nah genug dran ist und das Essen gerade mal bis zum Hintern heben könnte. Wenn Ihrem Menschen also das Essen direkt auf die Hüften geht, sollten Sie vielleicht überlegen, von den Beinen auf die Arme zu wechseln.

Gelenke mögen keine Überraschungen. Sie haben feste Routinen und sollten nicht gezwungen werden, sich irgendwohin zu bewegen, wohin sie nicht wollen. Des Weiteren sollte der Ellbogen *nicht* unvermittelt gegen harte Gegenstände geschlagen werden, egal, wie «musikalisch» das nach Ansicht mancher Menschen sein mag.

ÜBERBLICK INNENLEBEN

Im Inneren eines jeden Menschen arbeitet ein geräuscharmer biologischer Motor aus verschiedenen klebrigen Organen, die Sachen verdauen, Flüssigkeiten pumpen, Nützliches in Nutzloses verwandeln und umgekehrt.

Weil Menschen ihre Organe nicht sehen können, machen sie sich oft weniger Gedanken um sie als um ihre Frisur, die Form ihres Hinterns oder ihre Achselhaare. Doch leider werden die Probleme von Organen häufig erst bemerkt, wenn es zu spät ist, sie zu beheben. Daher ist es angeraten, die Organe einigermaßen anständig zu behandeln, für den Fall, dass man sie eines Tages für eine Grillparty brauchen sollte.

Organ	Aufgabe	Wartung
Herz	Das Herz ist eine permanent pulsierende Pumpe, die das Innere des Körpers geschmiert hält, indem sie es mit Blut, Feuchtigkeit und Liebe durchflutet.	Ein gesundes Herz sollte in der Lage sein, in unterschiedlichen Geschwindigkeiten zu schlagen. Zur Übung kann man den Takt durch Schlafen und Meditieren verlangsamen, oder indem man vergisst, dass man lebt; beschleunigt wird er durch Kaffee, Rennen und nackte Angst.

Haut	Die Haut schützt den Menschen vor Bakterien, Überhitzung und davor, zu einer suppigen Masse zu zerfließen.	Es kann nicht schaden, seine Haut zu pflegen, denn sie ist imstande, zu besonderen Anlässen besonders rachsüchtige Mitesser und Pickel zu produzieren.
Lunge	Die Lunge besteht aus zwei automatischen Ballons, die Luft von draußen einsaugen und sie dann im Menschen halten, damit er nicht wie ein alberner Pfannkuchen aussieht.	Die Lunge braucht Sauerstoff, weshalb viele Menschen dazu neigen, Pflanzen als Haustiere zu halten, obwohl sie die langweiligsten Haustiere sind, die man sich vorstellen kann. Wenn die Lunge die Arbeit einstellt, wird der Mensch so schwer, dass er sich für immer hinlegen muss und zerläuft.
Magen	Der Magen ist dafür zuständig, Nahrung zu verdauen, zu knurren und unkluge Entscheidungen in Zusammenhang mit Tequila rückgängig zu machen.	Der Magen ist leicht zu überwachen, denn er zeigt Probleme durch verschiedene Warntöne an. Im Allgemeinen lässt sich sagen: Je lauter, unruhiger und lachhafter die Geräusche werden, desto dringender sollte man eine Toilette fern von feiner Gesellschaft aufsuchen.

Hirn	Das Hirn verarbeitet Informationen von Augen, Ohren, Nase und Mund und wandelt diese Daten in Gedanken, Pläne, Klischees, Kreativität und Konfusion um.	Das Hirn braucht jede Menge Nährstoffe und Mentaltraining, damit es nicht vergesslich, schlaff, leichtgläubig, irrational, langweilig, langweilig und langweilig wird.
Nieren	Der Mensch wird mit zwei Nieren geboren, braucht jedoch nur eine, die sein Blut reinigt und Pipi produziert. Daher ist die Niere ein beliebtes Spenderorgan.	Sollte man ganz egoistisch beide Nieren für sich behalten haben, empfehlen Ärzte dringend, sich bei Beschuss am besten in eine Niere treffen zu lassen. Noch dringender empfehlen sie lediglich, gar nicht auf sich schießen zu lassen.
Leber	Die Leber ist der Genussregulator des Körpers, der Wein und Wurst in Katzenjammer und Korpulenz verwandeln kann.	Die Leber ist ein unglaublich widerstandsfähiges Organ. Gesunde Ernährung und zurückhaltender Alkoholgenuss vergeuden daher nur ihr natürliches Potenzial.
Darm	Der Darm ist das größte und längste innere Organ des Menschen. Nähme man den Darm aus dem Körper und streckte ihn der Länge nach aus, würde der Mensch das nicht überleben.	Der Darm hat mit anderen Organen die wichtige Aufgabe, Nahrungsreste vom Magen wieder nach draußen zu befördern. Mögliche Verstopfungen sollten daher überprüft werden, indem man gelegentlich Butter und Münzen verschluckt.

KRANKHEITEN

Die menschliche Hardware ist anfällig für gelegentliche unvermeidliche Pannen und Funktionsstörungen. Man nennt sie «Krankheiten», und meist werden sie durch winzige, unsichtbare, durch die Luft fliegende Organismen namens «Erreger» oder «Keime» ausgelöst, welche wiederum von größeren, sichtbareren und weniger flugfähigen Dingen wie Türen, Toiletten oder Kindern übertragen werden.

Zum Glück kann man Erregern überhaupt nicht aus dem Weg gehen, weshalb der Mensch im Lauf seines Lebens allmählich eine größere Widerstandskraft gegen sie entwickelt. Ist ein menschlicher Körper einmal durch eine Sorte Erreger erkrankt, kann er von dieser Sorte nicht so schnell wieder krank werden. Das heißt: Je mehr Erreger einen frühzeitig attackieren, desto weniger können einen später erwischen.

Im Umkehrschluss bedeutet das: Kränkliche Erwachsene durften als Kinder oft keinen Dreck essen und nicht krank werden. Darum sollte man von Natur aus ekligen Kindern ihren unhygienischen Willen lassen. Wenn also ein Kind an einem alten Frosch lutscht, den es gerade unter einer Mülltonne gefunden hat, ist es auf dem besten Weg, ein sehr gesunder Erwachsener zu werden.

Kinder, deren Eltern antibakterielle Reinigungsmittel verwenden, werden sich hingegen aller Wahrscheinlichkeit nach zu Spinnern entwickeln, die Sprühdosen kaufen, mit denen sich «99,99 % aller bekannten Bakterien» vernichten lassen, die aber dennoch in der ständigen Angst leben, dass das restliche 0,01 % auf sie höchstpersönlich Jagd macht. Übrigens gehen solche Menschen selten so mordlüstern auf die 100 000 000 000 000 Bakterien los, die mietfrei in ihrem Darm wohnen.

Eine der häufigsten Krankheiten, die Menschen befallen, ist die Erkältung, welche zu Fehlfunktionen des Gesichts führt: seltsame Geräusche, geschwollene Augen, Nasenexplosionen und ein verworrener seelischer Zustand, der soviel bedeutet wie: «Ja, ich bin zu krank, um zu kommunizieren, am Computer

ter oder sonst wie zu arbeiten, aber nein, nicht so krank, dass ich die Gelegenheit versäumen würde, mich umsorgen zu lassen, Computerspiele zu spielen und ohne Reue faul zu sein.»

Die Erkältung ist nicht mit Medikamenten heilbar, darum behandelt man sie am besten mit Ruhe. Das gilt insbesondere für die männlichen Vertreter der Spezies Mensch, denn einzig und allein bei ihnen kann sich die Erkältung zu einer ausgewachsenen Männergrippe entwickeln, deren verheerendes Schniefen nur ein höchst heldenhafter und kühner Charakter überwinden kann.

Ehe ein Mensch sich allerdings Ruhe zur Genesung gönnt, muss er zuallererst sämtliche Bekannten von seiner Krankheit in Kenntnis setzen, damit seine Mitschüler, Kommilitonen oder Kollegen ihm aus dem Weg gehen oder ihn, falls sie selbst Schule, Universität oder Arbeit aus dem Weg gehen wollen, im Gegenteil besuchen und an ihm lecken, damit auch sie krank werden, zu Hause bleiben und Videospiele spielen können.

STÖRUNGEN RASCH BEHEBEN

Mein Mensch will morgens nicht aufstehen.

Ist Ihr Mensch voll aufgeladen?

Als Erstes sollten Sie Ihren Menschen aus- und wieder einschalten, um zu überprüfen, ob er vollständig aufgeladen ist. Wenn er auf Reize wie Wasser, Lärm, Schlagzeug oder Piksen nicht reagiert, hat er vielleicht noch nicht ausreichend Energie gespeichert, um aufzustehen. Wenn er jedoch ganz im Gegenteil die Augen aufschlägt und auf der Stelle in einen Kanal hüpft, ist er wahrscheinlich ausgeruht und brennt auf sein Tagwerk.

Hat Ihr Mensch die Realität akzeptiert?

Manchmal will ein Mensch nicht aufstehen, weil er gerade einen schönen Traum hatte und glaubt, er könne womöglich in diesen Traum zurückkehren. Selbst wenn der Traum unglaublich langweilig war – wenn der Mensch zum Beispiel bloß Marmeladengläser zählen musste, die an seinem U-Boot vorbei einen Schornstein hinauf schwammen –, wird jeder Mensch stets den starken Drang verspüren, in das unsinnige Geschehen zurückzukehren und die Sache zu Ende zu bringen.

Funktioniert die Hardware Ihres Menschen einwandfrei?

Wenn Ihr Mensch vollständig aufgeladen ist und akzeptiert hat, dass die Realität tatsächlich existiert, sollten Sie überprüfen, ob es offensichtliche Probleme mit der Hardware gibt. Wenn er zum Beispiel seine Beine nicht spürt, ist er womöglich ohne Arme aufgewacht. Wenn er jedoch weder Arme noch Beine richtig fühlen kann, ist er vielleicht ohne Kopf aufgewacht,

was seine Fähigkeit einschränken würde, Gliedmaßen zu iden-
tifizieren und korrekt zu zählen.

Verweigert die funktionierende Hardware Ihres Menschen die Funktion?

Manchmal verweigert die Hardware eines Menschen einfach
die Mitarbeit, weil ein falsches Maß an Wohlbefinden sie behin-
dert. Wenn er alle Gliedmaßen bewegen kann, aber seine Energie sofort dazu verwendet, sich unter der Bettdecke einzuigeln
und das Universum zu verfluchen, ist er noch nicht bereit zu
akzeptieren, dass schon wieder Morgen ist.

Trifft all das nicht zu? Keine Sorge, Ihr Mensch hat lediglich einen gesunden, überwältigenden Morgenhass.

Viele Menschen hassen einfach den Morgen, weil sie ihn für ei-
nen verwirrenden und unnötigen Vorspann des Tages halten.
Wenn einem Menschen beim Aufwachen Zimmerdecke und
Universum absolut jenseits ihres Verständnishorizonts erschei-
nen, lässt er sich leicht durch Fragen ablenken wie: «Ist das eine
Spinne in der Ecke?», oder «Was bedeutet Existenz?»

Man kann die Situation verbessern, indem man dem Leben des
Menschen ein «Ziel» gibt. Bewährte Ziele sind unter anderem
Arbeit, Haustiere, Dosenöffnen, Rechthaben und Kinder.

UPGRADES UND DOWNGRADES ERHÄLTLICH

Kapitel II

MODELLE UND VERSIONEN

Geschlechter,
Reifegrade & Typen

GESCHLECHTER

Um ihre Nicht-Existenz für immer und ewig zu vermeiden, müssen Menschen sich fortpflanzen. Die Mittel der Wahl hierfür sind Sex, Babys und die Weitergabe von Erbgut von einer Generation zur nächsten, als handelte es sich um einen begehrten Döner um Mitternacht.

Ihr Mensch tritt daher höchstwahrscheinlich in einer von zwei unterschiedlichen und einander ergänzenden Formen auf. Diese heißen **Mann** und **Frau**.

Um seine Art zu erhalten, ist der Mensch aufgefordert sich fortzupflanzen, indem er einen «Partner» oder eine «Partnerin» des jeweils anderen «Geschlechts» findet. Frauen werden also gemeinhin dazu angeregt, einen Mann zu finden, Männer dazu, eine Frau zu finden. Das ist mathematisch schlicht, statistisch simpel und doch irgendwie unendlich kompliziert.

Denn obwohl überall ziemlich genau die gleiche Anzahl von Vertretern beider Geschlechter vorhanden ist, zerstört der Mensch die schöne Schlichtheit der natürlichen Paarung, indem er oder sie nicht mit dem *nächsten* verfügbaren Gegenüber schläft, sondern stattdessen versucht, mit dem *besten* verfügbaren Gegenüber zu schlafen.

Dieser Aufschub beruht hauptsächlich auf Eitelkeit. Die meisten Menschen sind nämlich begeistert von ihrem eigenen Erbgut, ihrer DNS; deshalb drängt sie ein starker Instinkt, genau diese DNS an ihre Kinder weiterzugeben. Die aktuellen Menschenmodelle können ihr Erbgut jedoch nicht einfach vervielfältigen oder «klonen» und im Handumdrehen eine Armee exakter kleiner Nachbildungen ihrer selbst aufstellen. Das soll einerseits die genetische Vielfalt fördern, vor allem aber verhindern, dass es Menschen, die sich selbst «Der geile Günther» oder «Crazy Horst» nennen, mehr als einmal gibt.

Stattdessen müssen sich Menschen auf viel kompliziertere Weise vermehren, indem sie nämlich die Hälfte ihrer DNS mit der halben DNS eines anderen Menschen vermischen. Dazu dient ein alberner Vorgang, bei dem die beiden unvermittelt und wiederholt gegeneinander stoßen.

Weil Menschen sich nicht allein fortpflanzen können, wie sie es gern hätten, suchen sie sich also den bestmöglichen Partner, um immerhin das Risiko zu minimieren, dass ihr gutes Aussehen und ihr gewinnendes Wesen zu sehr verwässert werden. Deshalb finden sich die Menschen in passenden Paaren zusammen, je nachdem, wie sehr sie sich selbst lieben.

Was den Charakter angeht, wären Männer und Frauen so gut wie identisch, wenn man sie lange genug voneinander fernhielte. Es gibt jedoch kleine Unterschiede in der Hardware, die im Folgenden aufgelistet sind.

ANMERKUNGEN ZUM GESCHLECHT

Merkmale	Wichtige Unterschiede
Genitalien	Die männlichen und weiblichen Geschlechtsteile haben unterschiedliche, komplementäre Formen, und sie verhalten sich bei Erregung auch etwas unterschiedlich. Während sich die weibliche Vulva anständig zurückhält, ganz im Einklang mit der Würde und Bedeutung ihrer Aufgabe, benimmt sich der Penis tendenziell eher wie ein Labrador, der ständig das Wort «WURST!» aus zwei verschiedenen Richtungen gleichzeitig hört.
Gefühle	Die Menschen haben sehr verworrene Ansichten darüber, wie die emotionale Sensibilität unter den Geschlechtern verteilt ist. Das Verhältnis ist zwar tatsächlich so gut wie ausgeglichen, doch die allgemein verbreitete Wahrnehmung spricht dem Mann lediglich zwei Gefühle zu – Hunger und Rachsucht –, während Frauen emotional dem Stand des Mondes unterworfen seien. In Wirklichkeit besitzen beide Geschlechter die gleiche angeborene Fähigkeit zum Fühlen, nur machen Männer für ihre Gefühlsäußerungen gern in der Nähe liegende Zwiebeln verantwortlich oder verbergen ihre Gefühle hinter mäandernden Metaphern über Geräteschuppen und dergleichen.

Größe und Kraft

Männer sind körperlich ein wenig größer als Frauen. Das allein hat für sie dazu gereicht, sich selbst die gesamte menschliche Geschichte hindurch davon zu überzeugen, dass sie alles bestimmen sollten.

Positiver Nebenaspekt dieses Phänomens: Männer leisten gelegentlich aus Versehen Erstaunliches, weil sie sich ständig wie dümmliche junge Hunde um die Aufmerksamkeit von Frauen balgen. Auf lokaler Ebene geschieht dies durch unterschwelligen Penisvergleich mithilfe der Ersatzfelder Sport, Autos, Biertrinken und Gewichtheben. In größerem Maßstab treibt dieser Instinkt jedoch den gesellschaftlichen und wirtschaftlichen Fortschritt an, indem Männer Frauen durch immer größere Flugzeuge (Penisse), Autos (Penisse), Bankkonten (Penisse), Raketen (Penisse), Sportstadien (Hoden) und Penisse (Penisse) zu beeindrucken suchen.

Negativ schlägt allerdings zu Buche, dass Männer die gesellschaftliche Entwicklung nicht immer in die richtige Richtung getrieben haben. Tatsächlich drängten sie meist in irgendeine Richtung, so schnell es ging, ohne fremde Hilfe, und fragten erst nach dem Weg, als sie schon vollkommen vergessen hatten, wohin sie eigentlich wollten.

Rollen bei der Fortpflanzung

Frauen sind der wichtigere Teil der Menschheit, denn nur sie können einen neuen Menschen in sich wachsen lassen. Männer hingegen kommen sich während der Schwangerschaft so vollkommen nutzlos vor, dass sie sich berüchtigt hirnlose Sachen wie Golf oder Krieg ausdenken.

Dieses Ungleichgewicht der Kräfte zwischen Mann und Frau wird erst in jüngster Zeit allmählich thematisiert, vor allem, weil Menschen inzwischen in der Lage sind, männliche Spermien einzufrieren und somit das letzte Quäntchen männlichen Nutzens zu beseitigen. Daher fangen die Männer ganz langsam an, sich bei den Frauen zu entschuldigen, in der Hoffnung, auch in Zukunft auf einem Planeten geduldet zu werden, der dann friedliebenden Lesben gehört.

ENTWICKLUNGSSTUFEN

Menschen entwickeln sich in deutlich unterscheidbaren Stufen. Diese Stufen sind vor allem durch Körpergröße und Nützlichkeit gekennzeichnet, doch die Gesellschaft ordnet sie meist nach einer Bezugsgröße namens «Alter».

Das Alter eines Menschen wird von Wissenschaftlern danach bestimmt, wie oft er die Sonne umrundet hat. Die meisten sind sich einig: Immer wenn die Erde an genau der Stelle steht wie am Tag, als man geboren wurde, ist man ein Jahr älter. Dies nennt man dann «Geburtstag» (auch wenn es eigentlich eher der Jahrestag des Anfangs der Beziehung mit der Erde ist). Manche Menschen kommen sogar darin überein, wie oft man die Sonne umkreist haben muss, bis man vom *Kind* zum *Erwachsenen* heraufgestuft wird, unabhängig davon, wie groß oder nützlich man ist.

Erwachsene spielen in der menschlichen Gesellschaft eine wichtige Rolle, sie dürfen zum Beispiel Auto fahren oder wählen. Dennoch gibt es kein System, nach dem man Erwachsene wieder in den Kinderstatus *herabstufen* könnte, selbst wenn sie nicht einmal in der Lage sind, sich verantwortungsvoll um eine

Topfpflanze zu kümmern, ohne dabei einen Schuppen in die Luft zu jagen.

Babys

Babys sind das anfängliche Larvenstadium des Menschen. Sie sind klein, albern und im Allgemeinen unprofessionell. Ihre Haupttätigkeiten sind *Lärmen* und *Auslaufen*, am liebsten aus sämtlichen Körperöffnungen und zu allen Zeiten, womit sie nur gelegentlich aufhören, um erstaunlicherweise einzuschlafen.

Im Gegensatz zum Nachwuchs anderer Tiere auf der Erde – der mit natürlichen Feinden fertig werden muss, weil er nicht in eine Umgebung aus warmen Decken, Omas und Kuscheleien hineingeboren wird – können Babys lange vollkommen nutzlos bleiben, und das tun sie auch. Tatsächlich hat für ein Baby etwa zwei Jahre lang die Frage höchste Priorität, wie viel vom eigenen Fuß es in den Mund stecken kann.

Weil Babys noch zu jung sind, um sie zum Fegen in Schornsteine zu schicken, besteht ihr einziger wirtschaftlicher Nutzen in einer gewissen Niedlichkeit, die zum Bewerben von Mineralwasser verwendet werden kann. Das gilt sogar für eher hässliche Babys, dann allerdings muss der Durst größer sein.

Babys sind im Grunde geschlechtslos, doch sie entwickeln sich entweder zu Jungen oder zu Mädchen.

Kleinkinder

Kleinkinder sind Babys, die gelernt haben, beim Krabbeln immer weniger die Arme zu benutzen, und zum Lohn eine viel größere Auswahl von Dingen in den Mund stecken können.

Man erkennt sie vor allem an ihrer unpraktischen Größe, am wackligen, aber selbstbewussten Gang und an der unglaublichen Gier. Es ist gar nicht ungewöhnlich, dass ein Kleinkind gleichzeitig einen Igel aufzuheben versucht, an einem Handy kaut, in einen Fluss stürzt und einem Mädchen mit einem großen Gummihammer auf den Kopf haut, wobei es bei all dem auf seinem Dreirad weiterstrampelt.

Trotz dieser breit gestreuten Aktivitäten und hochfliegenden Absichten ist das einzig verlässliche Resultat meist, dass ihm auf spektakuläre Weise nichts davon gelingt und es sich trotzdem an irgendeiner Kante den Kopf stößt.

Kinder

Kinder sind hoch entwickelte kleine Menschen, die in der Lage sind, schnell zu laufen *und* Fragen zu stellen – zwei komplementäre Fähigkeiten, die ihnen gestatten, nichts zu verstehen, aber das umso schneller. Dieser Lernprozess beginnt offiziell in dem symbolischen Augenblick, wenn das Kleinkind zum ersten Mal das Loch in der Mitte der Kloschüssel trifft. Das klingt zwar trivial, doch ist dies genau der Moment, in dem die körperliche Entwicklung dem kleinen Menschen erlaubt zu *zielen*, während die geistige Reife es ihm ermöglicht sich dafür zu *entscheiden*.

Von diesem Tag an besteht die Kindheit vor allem daraus, in hohem Tempo herumzurennen, immer häufiger aus Bäumen zu fallen, unhöflich auf Menschen zu zeigen und Erwachsene mit der Frage «WARUM?» anzuschreien, wann immer sich irgendetwas komisch bewegt.

Kinder gibt es in zwei Typen, was sich leichter an der Art des Spielzeugs erkennen lässt, das man ihnen schenkt, als an ihrem

tatsächlichen Aussehen oder ihrem Benehmen: *Jungen* (oft kürzere Haare, ungezogen) bekommen vor allem Spielzeug mit Rädern oder Waffen, *Mädchen* (oft längere Haare, ungezogen) vor allem Spielzeug, das weint und sich nass macht. Die beiden unterschiedlichen Kindertypen vertragen sich nicht immer miteinander, oft hält die eine Seite die andere für eklig.

Teenager

Etwa in dieser Altersstufe erkennen Kinder, dass Erwachsene absolut keine Ahnung haben, und lassen sich aus Protest Pickel im Gesicht wachsen. Nachdem sie die ganze Kindheit lang herauszufinden versucht haben, wie die Welt um sie herum funktioniert (Zahlen, Jahreszeiten, Magneten etc.), sind Teenager sich ihrer Umgebung sicher genug, um herausfinden zu wollen, was in ihrem *Inneren* vorgeht.

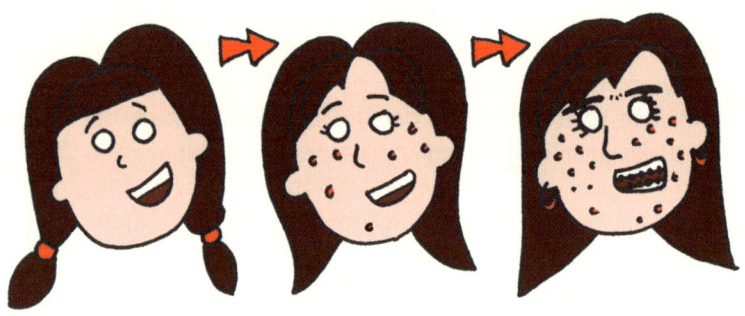

Ziemlich schnell stellen sie fest, dass dieses Thema – *sie selbst* – eine unendliche Faszination besitzt. Da sie jedoch zum ersten Mal zur Kenntnis nehmen, wer sie selbst eigentlich sind, kann das anfänglich zu einiger Verwirrung führen. Unglücklicherweise fällt diese Verwirrung genau mit der Zeit zusammen, in der jenes Selbst sich plötzlich und unwiderruflich verändert, wodurch sich die anfängliche leichte Verwirrung zu einem fettigen, turbulenten, ein Jahrzehnt andauernden Melodrama auswächst, inklusive unangenehmen körperlichen Veränderungen, peinlichem Quieken und antisozialem Haarwuchs.

Das entgegengesetzte Geschlecht wird vom Teenager immer weniger als eklig eingestuft, sondern auf unvermittelte, bizarre, seltsame, verwirrende, bedeutungsvolle und beängstigende Weise *uneklig*. Zunächst wissen die Menschen nicht, warum und wie sie die Aufmerksamkeit des anderen Geschlechts erringen wollen, doch zu den Mitteln und Wegen, das herauszufinden, gehören oft Haargel und Hörensagen.

Erwachsene
Erwachsene sind die größte Version des Menschen, weshalb von ihnen erwartet wird, dass sie alles erledigen, was *keinen Spaß* macht.

Das könnte für den unerfahrenen, gerade erwachsen gewordenen Menschen eine echte Herausforderung darstellen, doch zum Glück existiert eine Reihe von Institutionen, die ihm dabei helfen, *keinen Spaß* mehr zu haben, wie zum Beispiel Arbeitsplätze, Finanzämter oder Banken.

Damit Erwachsene trotz dieser schrecklich ungerechten Behandlung durch die Welt zufrieden bleiben, bekommen sie jedes Mal, wenn sie etwas tun, was *keinen Spaß* macht, eine Belohnung namens «Geld». Dieses Geld lässt sich gegen alles Mögliche eintauschen, was *Spaß macht* und *kein Geld* ist, wie zum Beispiel Bücher, Käse, Stühle, Urlaub oder Ziegelsteine, die häufig so angeordnet werden, dass sie all die anderen Dinge, die ein Mensch eingetauscht hat, vor dem Wind schützen.

Neben den Sachen, die keinen Spaß machen und für die er Geld oder Dinge bekommt, hat der erwachsene Mensch noch eine zweite Aufgabe: Er soll einen anderen unekligen Erwachsenen finden, mit dem er all sein Geld und seine Dinge teilen kann.

Ein gutes Gegenüber zu finden, nimmt bald fast sämtliche verbleibende Zeit des Erwachsenen in Anspruch, so dass nur noch ein klein wenig Zeit übrig bleibt, in der er darüber nachdenkt, wie er irgendwann die ganzen Fragen der Kinder beantworten soll. Ungefähr an diesem Punkt wird den Erwachsenen klar, dass sie das nicht können.

Erfreulicherweise ist das den Kindern überhaupt nicht klar, weshalb die Erwachsenen ihnen weiterhin erzählen, dass nachts Feen mit Zauberkräften kommen werden, um den Kindern im Schlaf ihre alten Zähne abzukaufen, also geh jetzt bitte ins Bett!

Senioren
Alt zu werden ist nicht jedem Menschen vergönnt, weshalb die älteren Menschen, auch «Senioren» genannt, ihre beiden gesellschaftlichen Aufgaben hartnäckig verteidigen.

Die erste lautet «Weisheit», was so ähnlich ist wie Ratschläge, nur älter. Die zweite ist «Herumzockeln», eine entspannte und ziellose Gangart, die entweder so viel sagt wie: «Ich habe alles getan. Ich habe alles gesehen. Ich bin zufrieden», oder: «Meine Knie sind geschwollen. Meine Zähne sind weg. Ich habe mich verlaufen.»

Senioren haben die meiste Freizeit von allen Menschen auf der Erde, weil sie im Unterschied zu Erwachsenen schon alles besitzen, was man überhaupt besitzen kann, und daher nichts mehr tun müssen und weil sie im Unterschied zu Kindern nicht mehr gezwungen sind, zur Schule zu gehen.

Nachteil dieser Lage ist, dass sie oft allerneuste Entwicklungen nicht begreifen und mit aktueller Technologie nicht klarkommen. Der Vorteil ist natürlich, dass sie dadurch in einer wunderbaren Blase begeisterter Ahnungslosigkeit leben und überzeugt sind, diese neue Welt der blinkenden und piependen Computertelefone sei viel schlechter als die, in der sie aufgewachsen sind, als man noch mit einem geborgten Fahrrad zur Sonnenuhr auf dem Dorfplatz radeln musste, um nachzuschauen, ob man nicht zu spät zum Krieg kam.

**VON DER NATUR AUSGEWÄHLT
FÜR IHREN HÖCHSTEN KOMFORT**

Kapitel III

ENTWICKLUNG

Gier,
Faulheit & Fortschritt

ENTWICKLUNGSGESCHICHTE

Das Modell des Menschen, das Sie verwenden, ist höchstwahrscheinlich ein «Homo sapiens sapiens». Es gilt den meisten Beobachtern als am besten ausgestattete verfügbare Version des aufrecht gehenden, rasierten, vom Affen abstammenden Säugetier-Primaten überhaupt.

Bedeutendster Unterschied zwischen der aktuellen Version und ihren Vorgängermodellen ist die Größe des Hirns, vor allem des präfrontalen Cortex, der ihr die einzigartigen menschlichen Fähigkeiten verleiht, zu planen, sich zu erinnern, Folgen vorherzusehen, Probleme zu lösen und sich zu erinnern. Dieses unvergleichlich kluge Gehirn ist verantwortlich für das ungeheure Potenzial des Menschen.

Doch obwohl die Möglichkeiten, Bedienung und Befähigung Ihres Menschen zu optimieren, fast unbegrenzt erscheinen, gibt es bestimmte biologische, also konstruktionsbedingte Beschränkungen, die zunächst erwähnt werden sollten. Das sind vor allem **Faulheit** und **Gier**.

Damit Sie nicht zu viel von Ihrem Menschen erwarten, müssen Sie sich klarmachen, dass diese beiden Eigenschaften vorprogrammierte Überlebenstechniken sowohl biologischen als auch kulturellen Ursprungs sind. Die Natur hat diese beiden Eigenschaften oder Verhaltensweisen immer stärker belohnt als andere, weshalb sie nicht nur überlebt haben, sondern gewachsen und gediehen sind. Die Gegenmodelle zu *Faulheit* und *Gier* sind nämlich *Sachen machen* und *Dinge weggeben*, und das hat noch niemandem beim Überleben geholfen. Den ganzen Tag in der Badewanne herumliegen und eimerweise Kuchen essen hat hingegen noch niemanden umgebracht. Manchmal ist die Evolution so einfach. Die Menschen, die am längsten im Bett bleiben, haben schließlich auch die besten Chancen, sich fortzupflanzen.

Um den natürlichen Instinkt zu verstehen, mit dem kleinstmöglichen Aufwand den größtmöglichen Gewinn zu erzielen, müssen Sie wissen, dass er entwicklungsgeschichtlich vor allem zwei Zwecken diente – erstens: herauszufinden, welches Kaninchen am leichtesten erreichbar war, und zweitens: herauszufinden, wie man jemand anderen losschicken konnte, es zu fangen, während man selbst sich kratzte.

LISTE DER UPGRADES

Im Folgenden werden die wichtigsten Entwicklungsschritte des modernen Menschen im Hinblick auf seinen Körper, sein Gehirn und sein selbstbewusstes Auftreten aufgelistet:

Leben
Einzellige Organismen beschlossen zu existieren, wurden zu Dinosauriern, dann zu Nicht-mehr-Dinosauriern, dann zu frechen Affen mit Daumen. Das dauerte alles eine Weile.

Affenleben
Affen lebten auf Bäumen, vor allem weil Dinosaurier nicht dort lebten. Als die Dinosaurier zu existieren aufhörten, wurde es attraktiver, gelegentlich den Wald zu verlassen. *Herumlaufen* trat an die Stelle von *Gefressenwerden*. Daher war es auch nicht mehr nötig, so viele Hände zu haben, und die Natur wandelte einige davon in längere, flachere Hände um, auf denen man balancieren konnte, sowie die zugehörigen Finger in Zehen.

Menschenleben
Einige Affen erfanden das Feuer und beschlossen dann, sich als «Menschen» neu zu erfinden. Je weiter sich das Kochen entwickelte, desto unbeliebter wurde Salat.

Nomadentum
Als die Menschen erkannten, dass sich durch Feuer langsame, langweilige Kühe in schnelle, leckere Steaks verwandeln lassen, zogen sie auf der ganzen Welt hinter den Tieren her, um sie sich in den Mund zu stecken.

Eigentum

Bald hatten sie die Nase voll davon, immer hinter den Tieren her zu rennen, um sie zu essen, und erfanden Zäune. Zäune halten Tiere drinnen. Schon bald hielten sie auch Menschen draußen. Das löste das Problem des *flüchtenden* Mittagessens, dafür erzeugte es ein anderes – wem das Mittagessen «gehört».

Geld

Das Problem «Wem gehört was» wurde verschlimmert, als die Menschen beschlossen, dass zwei Äpfel so viel wert sind wie eine Banane. Geld wurde erfunden, um leichter einen Apfel gegen eine Orangenhälfte tauschen zu können.

Später bauten besonders reiche und mächtige Menschen riesige Monumente zu ihren eigenen Ehren, um damit den zukünftigen Tourismus zu fördern. Dafür verwendeten sie hauptsächlich das Geld anderer Leute; diese durften das Monument aber aus der Ferne betrachten, solange sie hinter einem Seil stehen blieben.

Sesshaftwerdung

Nachdem sie Zäune gebaut hatten, erkannten die Menschen, dass es leichter ist, einfach an einem Platz sitzen zu bleiben und sich mit Ziegelsteinen zuzudecken. Sie bauten Häuser an Flussufern und fanden das im Großen und Ganzen weniger stressig, als jedes Mal die Zelte abzubrechen und weiterzuziehen, wenn eine Gazelle erschrickt und wegrennt. Die Menschen beschlossen also, *sesshaft* zu werden, und bauten Brunnen, Märkte, Postämter und Multiplex-Kinopaläste.

Siedlungen und Städte

Ihre Siedlungen dehnten sich so weit aus, dass sie Namen brauchten, und alle Menschen im umliegenden Land wurden freundlich gebeten, in den Städten zu wohnen, damit sie den Rest ihres Lebens in einer Fabrik arbeiten konnten, bitte. Die Natur war irgendwann so fern, dass man sie ganz und gar vergaß, es sei denn, man sah sie auf einer Postkarte.

Elektrizität

Vor nicht allzu langer Zeit erfanden die Menschen den elektrischen Strom, eine Art Feuer, das man an- und ausschalten kann. Es dauerte eine Weile, bis sich der Strom durchsetzte. Das lag daran, dass die Kerzenindustrie der Ansicht war, die neue Technologie untergrabe die Geschäfte der Kerzenproduzenten und -händler, und jeden abmahnte oder verklagte, der sich das Licht direkt in seine Wohnung herunterlud.

ANMERKUNGEN ZUR EVOLUTION

Um zu verstehen, warum Ihr Mensch nicht immer so klug, hübsch oder funktionsfähig ist, wie Sie ihn gern hätten, müssen Sie wissen, dass Menschen nicht ausgereift und vollständig aus Weltraumeiern im Zauberwald schlüpfen.

Der Mensch ist ein Zufallsprodukt. Er hat sich entwickelt. Er ist eins der vielen unbeholfenen und nicht abgeschlossenen Experimente der Natur. Der Mensch stammt vom Affen ab, der Affe von kleineren Affen, kleinere Affen von Hunden, Hunde von Insekten. Wenn so etwas in ungefähr der richtigen Reihenfolge geschieht, heißt es «Evolution».

Die Evolution beruht auf einem Prinzip namens «natürliche Selektion» oder «Auswahl», was bedeutet, dass die Natur für das jeweilige Lebewesen Eigenschaften auswählt, die weniger wahrscheinlich machen, dass es in einen Graben stolpert und darin umkommt. Im Allgemeinen lässt sich sagen: Wenn man *ein wenig* brauchbarer gerät als seine Eltern, hat man *ein wenig* größere Überlebenschancen und *ein wenig* bessere Aussichten, vielleicht noch *ein wenig* brauchbarere Kinder zu kriegen.

Es sieht zunächst so aus, als wäre die Evolution auf Seiten der Menschheit gewesen. Als die Menschen Sand in die Augen kriegten, wuchsen ihnen Wimpern. Als sie Sachen festhalten mussten, entstand ihr Daumen. Als sie sich hinhocken wollten, bekamen sie Knie. Das hat bei einigen Menschen zu der angenehmen, aber unzutreffenden Annahme geführt, dass alles immer nur besser und besser wird.

Leider ist das ein Trugschluss. Die Evolution hat die Menschen nicht nach und nach in die optimale Form gemeißelt. Sie hat bloß eine Menge klebriges Zeug an die Wand geschmissen, und manches davon ist hängen geblieben.

Evolutionäre Anpassungen müssen gar nicht perfekt oder gut oder auch nur besser sein – bloß stur, so wie Augenbrauen. Jedes Produkt der Evolution ist lediglich die größtmögliche Zahl von Fehlern, die es aber gerade noch erlaubt, dass das betreffende Lebewesen durchkommt.

Im Augenblick funktioniert der Mensch mehr oder weniger, weshalb die Natur wenig Antrieb verspürt, ihn weiter zu verändern. Außerdem glauben einige Menschen, dass Empfängnisverhütung, Partnervermittlungsportale und gesunkene Ansprüche den Prozess der natürlichen Selektion zum Erliegen gebracht haben.

Diese Theorie vernachlässigt jedoch die Fähigkeit des Menschen, seine Umwelt zu verändern – von einer Umgebung, an die er angepasst ist, zu einer, an die er nicht angepasst ist. So versucht zum Beispiel die Mehrzahl der Menschen gerade – immer heiß auf eine spannende Herausforderung –, die Erde zum Schmelzen zu bringen.

GESTALTUNGSELEMENTE

Einige menschliche Merkmale haben sich für bestimmte Umgebung und Situationen entwickelt, denen der Mensch heute nicht mehr ausgesetzt ist, und gelten daher als überflüssig. Weil die Evolution aber zu lange brauchen würde, diese Merkmale wieder zurückzuentwickeln, hat man sich folgende neue Zwecke für sie ausgedacht:

Körperteil	Früherer Zweck	Neuer Zweck
Wimpern	Sand und Schädlinge aus den Augen fernhalten	Klimpern
Augenbrauen	Schweiß und Schädlinge aus den Augen fernhalten	Gefühle wie Zweifel, Überraschung und Verwirrung ausdrücken
Weisheitszähne	Blätter, Wurzeln, Nüsse und Fleisch kauen	Kiefer, Lächeln, Gesicht und Laune empfindlich stören
Füße	Hände	Füße
Finger	Dinge in die Mundöffnung stecken; Stöcke halten; Stöcke fallen lassen	Tippen
Männliche Brustwarzen	?	?
Blinddarm	Gras verdauen	Willkürlich platzen

ACHTUNG!

Hautfarbe

Weil Menschen friedliche Lebewesen sind, sollten Sie *keine* Angst haben, wenn Sie einem Menschen begegnen, der ein wenig anders aussieht als Ihrer, denn nicht alle Menschenmodelle haben genau das gleiche Oberflächendesign.

Das liegt daran, dass die Menschenfamilie ein paar kurze hunderttausend Jahre getrennt auf verschiedenen Landmassen lebte und ihre Körper sich auf unterschiedliche Art an die verschiedenen Umgebungen anpassten. Manche bekamen hellere Haut, manche dunklere, je nachdem, wo sie lebten und wie sehr die Sonne sie zu verbrennen versuchte.

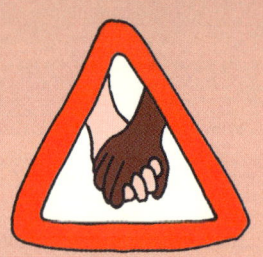

Obwohl diese Unterschiede so normal, langweilig, erwartbar und trivial sind wie die Geburtstagspläne einer verwitweten Großtante, waren einige Menschen doch leicht überrascht, als sie ihre Verwandten wiedertrafen und feststellten, dass sie unterschiedliche Hautfarben hatten. Es gab sogar ein paar historische Fehltritte, bei denen Menschen einer Hautfarbe versuchten, diejenigen mit einer anderen Hautfarbe zu besitzen, doch zum Glück wurde man sich bald einig, dass es nicht nett ist, andere so zu behandeln.

In jüngeren Zeiten versuchen Menschen aller Arten und Haut-farben, in friedlicher Harmonie miteinander zu leben, vereint im Hass auf Wespen, Holzsplitter und Politiker.

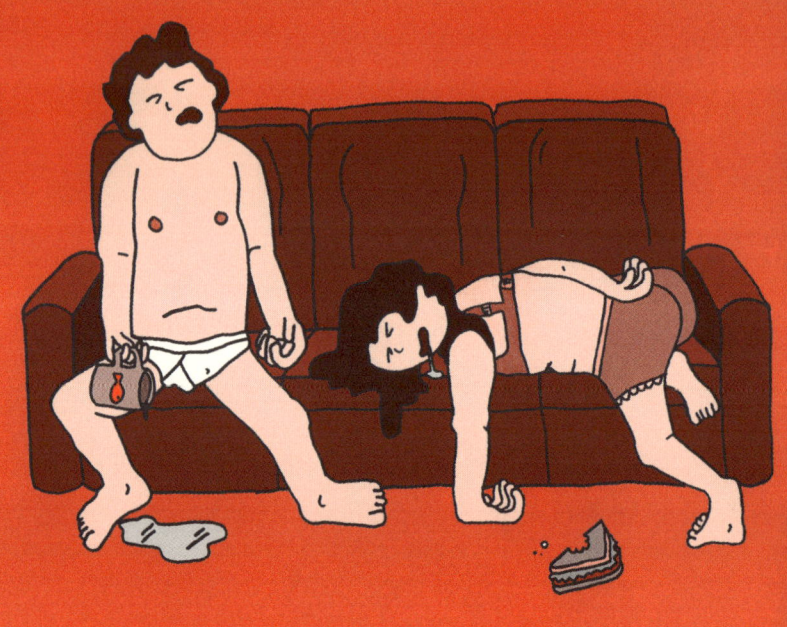

IM BETRIEB AUFLADEN

Kapitel IV

AUFLADEN

Essen & Schlafen, Snacks & Nickerchen

SCHLAF

Nach einem langen Tag Menschsein muss der Mensch aufgeladen werden. Körper und Hirn müssen Energie zurückgewinnen, was durch eine Ruhephase namens «Schlaf» geschieht, in der man sich weder konzentrieren noch tanzen sollte.

(Einzige Ausnahme ist, wenn Menschen *miteinander schlafen*. Dabei führen sie eine hochkonzentrierte horizontale Mischung aus Ringkampf und Tanz auf, die eine Menge Energie verbraucht. Ziel dieses Gerangels ist vor allem, die strategische Kontrolle über die Bettdecke zu erlangen. Wird es jedoch fehlerhaft betrieben, kann es zu Kindern führen.)

Schläft ein Mensch aber fehlerfrei und nur mit sich selbst, ist sein Geist so leer, dumm und täuschungsanfällig wie sonst nie. In dieser Zeit neigt der Mensch zu halluzinatorischen Trips durch ein selbsterschaffenes Kokolores-Universum, die er «Träume» nennt.

Sinn und Zweck des Träumens ist in erster Linie, alle neuen Informationen und Erkenntnisse, die der Mensch am Tag zuvor gewonnen hat, zu verarbeiten – einige zu speichern, einige zu löschen und mit dem Rest unbewusst zu entscheiden, was für ein Mensch man gern sein möchte, wenn man am nächsten Morgen aufwacht. Trotz dieser Möglichkeit beschließen die meisten Menschen jeden Tag, dieselben zu bleiben. Das mag auf den ersten Blick enttäuschend wirken, wenn man bedenkt, wie viele Menschen man stattdessen sein könnte; doch es hat durchaus seine Berechtigung, denn immerhin besitzt man so schon Kleidung in der richtigen Größe.

Menschen vergessen ihre unsinnigen Träume oft, was ihnen am Tag hilft, sich für vernünftige und logisch denkende Wesen zu halten. Apropos Tag: Das Schlafen findet zumeist nachts statt, weil nachts weniger los ist, da ja alle schlafen.

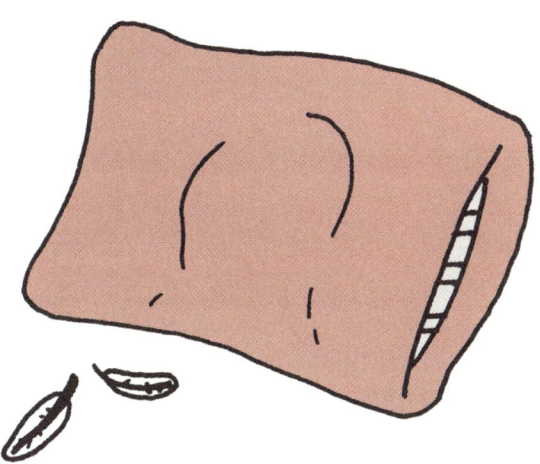

AUFSTEHEN

Das morgendliche «Aufstehen» ist das Schwierigste, was ein Mensch vor dem Frühstück zu leisten hat. Jeden Tag muss er die folgenden drei Willenskrisen bewältigen, um aufzustehen:

Die Gründe klären

Betten gelten als der sicherste Lagerort für Menschen. Man sollte also keinesfalls das Risiko des Aufstehens eingehen, es sei denn, das Liegenbleiben bringt definitiv negative Folgen mit sich. Wartet die Arbeit? Ist ein Löwe im Anmarsch? Könnte der eigene Körper durch den Bewegungsmangel träge und teigig werden?

 Die Realität akzeptieren

Was Ihr Mensch zuvor geträumt hat, beeinflusst wahrscheinlich seine Stimmung beim Aufwachen, darum ist es wichtig, ein wenig Zeit zur Gewöhnung an die Wirklichkeit einzuplanen. Wenn er zum Beispiel die letzten Stunden begeistert herumgezuckt ist, weil er glaubte, Fliegender Ninja-Herrscher der Drachenwelt zu sein, könnte es für ihn im ersten Moment etwas enttäuschend sein, traurig ein Ei anzustarren und dabei dem Wasser beim Kochen zuzuschauen. Hatte er andererseits einen schrecklichen Albtraum, in dem sich alle seine Zähne in alten Teppichboden verwandelten, kann es höchst erfreulich sein, beim Aufwachen das gewohnte Zwitschern der Vögel und das Spucken der Müllmänner zu hören.

Tatsächlich aufstehen

Der Mensch hat zwei rätselhafte Funktionsmodi: *nicht auf,* wobei er sich fragt, wie man es je schaffen soll aufzustehen; und *auf*, wobei er sich fragt, wie er es je geschafft hat aufzustehen.

Am schnellsten und reibungslosesten gelingt der Übergang von einem Modus zum anderen, indem man den Wecker am Abend auf die andere Zimmerseite stellt oder ihn in einem verwirrenden Haufen von anderen Weckern versteckt oder ihn einem großen, schreckhaften Vogel auf den Rücken schnallt.

ESSEN

Menschen sind Maschinen aus Fleisch, die Treibstoff brauchen, um zu laufen. Das bedeutet, sie müssen Nahrung zu sich nehmen, also Energie in ihrer schmackhaftesten Form. Zum Glück enthalten fast alle Pflanzen und Tiere eine gewisse Menge an Energie, weshalb Menschen so gut wie alles essen können, was sich bewegt, solange es weicher ist als ihre Zähne.

Beinahe jedes andere Tier verzehren zu können, ist ein Alleinstellungsmerkmal des Menschen, das er vor allem durch die hinterhältige Raffinesse seiner Werkzeuge erworben hat. Allerdings betrachten die meisten Menschen es zwar als ungeheure Leistung, sich bis an die Spitze der Nahrungspyramide gekämpft zu haben, doch sieht man sie nur selten im Angesicht eines Löwen oder Krokodils damit prahlen.

Nahrung ist ein elementarer Bestandteil für den Unterhalt und die Wartung eines Menschen, und was er als Nächstes isst, hat für ihn immer höchste Priorität. Das Leben des Menschen dreht sich weitgehend um die Verfügbarkeit von Nahrung, weshalb Bauernhöfe – wo die Erzeugung von Nahrung schwere und schmutzige Arbeit ist – weniger beliebt sind als Städte – wo absurde Mengen sauberer, leicht verfügbarer Nahrung ständig wie von Zauberhand die Regale des Ladens am Ende der Straße füllen.

Menschen sind ohne Ausnahme ständig auf dem Weg von einer Mahlzeit zur nächsten und versuchen nebenbei, die Zivilisation am Laufen zu halten. Gesellschaft, Wirtschaft, Politik wirken womöglich wie diffizile und empfindliche Mechanismen, die mindestens so viel Konzentration und Aufmerksamkeit erfordern wie das Balancieren rotierender Teller auf langen Stangen, aber das Wichtigste ist, dass diese Teller erst einmal leer gegessen werden. Es ist schließlich ziemlich schwierig, eine Wirtschaft zu steuern, wenn sie von Wackelpudding und alten Brötchen übersät ist.

Jede irgendwie beeindruckende menschliche Errungenschaft musste also in die Pause zwischen zwei Mahlzeiten passen. Ehe man Maschinenbau und Handel und Tauchen mit Sauerstoffflaschen kriegen kann, muss man erstmal frühstücken. Darum wird das Frühstück auch weithin als die wichtigste Mahlzeit des Tages betrachtet, denn es führt fast unvermeidlich zu Mozart und Raumfahrtraketen.

Tatsächlich ist Nahrung für die Menschheit so wichtig, dass es oft heißt, die Gesellschaft sei nur drei Mahlzeiten von der schieren Anarchie entfernt. Es hat gar keinen Zweck, sich Institutionen und Regierungen zuzulegen, wenn diese es selbst mit vereinten Kräften nicht schaffen, einem ein Brot zu schmieren.

NÜTZLICHE TIPPS

 Unter Menschen ist die Praxis weit verbreitet, sein Essen zu kochen. Viele mögen's heiß, weil heiße Sachen kalt werden und das dem ganzen Event eine aufregende Deadline verpasst.

 Fades und langweiliges Essen ist ganz und gar nicht angesagt. Zum Glück kann man auch das stupideste Gericht spannender gestalten, indem man es viel zu kurz kocht, indem man anstelle von Besteck lebende Aale verwendet oder indem man es von einem Teller isst, der sich immer weiter beschleunigt, weil er gerade von einer Klippe geworfen wurde.

 Der menschliche Körper braucht eine breite Palette von Nährstoffen, um optimal zu funktionieren. Eine «unausgewogene Ernährung» wird so genannt, weil der Mensch davon aus dem Gleichgewicht gerät – er wird birnenförmig, wacklig und mit größerer Wahrscheinlichkeit von plötzlichen Schwerkraftattacken heimgesucht.

 Menschen werden nicht unbedingt schon als ungesund betrachtet, wenn ihre Haut zu weit vom Skelett entfernt ist, sondern nur dann, wenn der Zwischenraum zwischen Haut und Knochen hauptsächlich mit Kuchen- und Pastetenmaterial gefüllt ist.

MAHLZEITEN

Menschen nehmen ihre Nahrung gern in raschen Schüben zu sich, die man «Mahlzeiten» nennt, wobei sie versuchen, die nackte Energieaufnahme so kreativ, romantisch und skurril zu verbrämen wie möglich. Dafür kombinieren sie die Formen, Farben, Aromen, Temperaturen und Strukturen verschiedenster Nahrungsmittel – eine bezaubernd trotzige Missachtung der Tatsache, dass zwei Stunden später alles zum selben Brei geworden ist.

Wegen der Arbeitszeiten und des Sonnenlichts werden die Mahlzeiten inzwischen überall auf der Welt in ziemlich standardisierten Formaten eingenommen. Die meisten Menschen essen in drei Etappen:

 ### Frühstück

Das Frühstück sollte einfach sein und aus nicht mehr als zwei Komponenten bestehen, von denen am besten eine bloß über die andere geschüttet werden muss. Manche Menschen nehmen ihr Frühstück gern im Bett, doch die meisten haben es lieber in der Schüssel oder auf dem Teller.

Der Brunch ist eine künstlerische Variation der Morgenmahlzeit für Freigeister, denen das dogmatische Frühstücksregime nicht behagt, die aber nicht anarchistisch genug sind, gleich mit dem Mittagessen anzufangen.

 ### Mittagessen

Das Mittagessen wird, wie der Name sagt, in der Mitte des Tages eingenommen, und das heißt, dass man alles, was man gerade tut, stehen und liegen lassen muss. Darum gibt es bei großen Arbeitgebern oft Kantinen. Das ist günstiger, als einen halben Tag Produktionszeit zu verlieren, weil 9000 Arbeitnehmer sich eine Küche teilen müssen und 8999 von ihnen sich weigern, die Spüle zu benutzen, weil der verdammte geile Günther SCHON WIEDER seine schmutzige Tasse darin stehen gelassen hat.

In wärmeren Klimazonen mit einer entspannteren Kultur kann dem Mittagessen ein Nickerchen folgen. In den wärmsten Gegenden mit den entspanntesten Kulturen endet dieses Nickerchen ungefähr zur alljährlichen Weihnachtsfeier.

③ Abendessen

Das Abendessen wird logischerweise zumeist am Abend gegessen, zur Feier des beendeten Arbeits- oder Schultags. Als «Festessen» ist es häufig heiß, aufregend, dramatisch, voller unterschiedlichster Zutaten, in mehrere Gänge unterteilt, und es wird oft mit Freunden und Verwandten eingenommen und von alkoholischen Getränken begleitet. Allerdings kann es auch, besonders nach einem harten Arbeitstag, lediglich aus all dem bestehen, was sich noch an Resten im Kühlschrank fand; dies kann dann zu einer Art Paste verrührt und auf einen alten Brotkanten von der Konsistenz trocknenden Betons geschmiert werden.

Das Abendessen sollte nicht zu früh verzehrt werden, sonst besteht die Gefahr, dass man vor der Schlafenszeit wieder hungrig wird und sich noch ein Abendessen machen muss. Gleichzeitig sollte man es aber auch nicht zu spät einnehmen, sonst besteht die Gefahr, dass man mit dem Kopf im Essen einschläft und sich noch eins machen muss, weil man das erste mit dem Gesicht zerstört hat.

ACHTUNG!

Snacks

Der Mensch definiert den *Snack* offiziell als jede Art von Nahrung, die kleiner ist als seine Finger, aber größer als die Abstände zwischen ihnen. Snacks zu essen oder zu «snacken» wird von kleineren Stammesgruppen oft als riskante Überlebensstrategie betrachtet, sowie es im All-gemeinen von den wichtigen Menschen, die für die Mahlzeiten verantwortlich zeichnen, nicht autorisiert ist. Der Mensch sollte es tunlichst vermeiden, die Autorität der Menschen zu untergraben oder zu attackieren, die so freundlich sind, ihm zu essen zu geben.

Snacks sollten daher immer nur aus Langeweile gegessen werden, nie aus Notwendigkeit; darum ist es äußerst wichtig, dass sie **keinerlei** Nährwert besitzen, weil das den Körper zwischen den Mahlzeiten aus dem Gleichgewicht werfen könnte.

Schokolade, Kekse und Chips sind daher gutgeheißen. Früchten, Körnern und Nüssen sollte man hingegen aus dem Weg gehen, es sei denn, sie sind unverzichtbarer Bestandteil eines Kuchens.

BELIEBTE ERNÄHRUNGSWEISEN

Ernährung	Beschreibung
Alles-fresser	Fleischfresser gibt es in zwei Varianten: solche, die Tiere in freier Wildbahn eigenhändig töten und essen könnten, und solche, die das nicht könnten. Die erste Sorte ist der Grund dafür, dass Fleisch überhaupt existiert, die zweite besteht im Grunde aus Vegetariern. Der einzige Unterschied zwischen ihnen und echten Vegetariern ist der, dass sie trotzdem alle Tiere essen, solange diese in einer Form angeboten werden, die nicht mehr unmittelbar als tierisch erkennbar ist.
Wählerisch	Wählerische Esser sind Menschen, die eine breite Palette von Nahrungsmitteln *nicht* essen, weshalb es sehr nervig ist, sie zu bekochen. Es kann auch sehr nervig sein, mit ihnen essen zu gehen, jedenfalls wenn sie jammerig-wählerisch sind und einen von jenem weltberühmten Steakhouse zu einem Kartoffelrestaurant ihrer Wahl umleiten.
Vege-tarisch	Vegetarier essen nur das, was Tiere essen, es sei denn, die Tiere essen Tiere. Vegetarier sind Menschen, die sich bewusst entschieden haben, nicht alles zu essen, was sie essen könnten, unabhängig davon, wie es schmeckt; sie sind also clever genug, um ihre Gelüste abzuschalten. Viele Vegetarier essen jedoch Fisch – wenn der betreffende Fisch nicht gerade eine Kuh verschlungen hat.
Vegan	Veganer essen nichts, was einem Tier Unbehagen bereiten könnte, wie Milch, Käse, Eier oder Feuerwerkskörper. Keinem Tier Unbehagen bereiten zu wollen, kann Veganer bei Essenseinladungen in eine schwierige Lage bringen, da viele Menschen Tiere sind, die sich beim Essen in Gegenwart von Veganern unbehaglich fühlen.

ACHTUNG!

Trinken

Laut Professor Unsinn von der Hochschule für Verwegene Übertreibungen besteht der menschliche Körper zu 400 % aus Wasser, das jeden Tag wiederaufgefüllt werden muss.

Zweifellos sollte der Mensch im Prinzip jede Flüssigkeit trinken, die ihm so dicht vor die Lippen kommt, dass er sie hineinkippen kann, doch gibt es zwei wichtige Ausnahmen: eine schwärzliche Flüssigkeit namens «Kaffee» und eine unsichtbare namens «Alkohol».

Zwar erfüllen beide Getränke das erwähnte menschliche Grundbedürfnis nach ständiger innerer Befeuchtung, doch sie zeigen auch erhebliche Nebenwirkungen, wenn sie nicht maßvoll konsumiert werden. Nebenwirkungen des Kaffees sind Panikattacken und Produktivitätsschübe in unterschiedlicher Länge und Abfolge, je nach Nähe der Deadline. Zu den Nebenwirkungen des Alkohols gehören Selbstbewusstsein, Schwanken, Spaß und die zugehörigen Folgen.

Rauchen

Manche Menschen behaupten außerdem, sie benötigten Nikotin, um richtig zu funktionieren – vor allem, nachdem sie zu rauchen angefangen haben. Rauchen kann sehr gesundheitsschädlich

sein, aber zum Glück lässt sich so leicht wieder damit aufhören, dass es den meisten Rauchern viele, viele Male gelingt.

AUSSCHEIDUNGEN

Nachdem der menschliche Körper der Nahrung und den Getränken alle wertvollen Stoffe entzogen hat, muss er die übrigen Bestandteile durch verschiedene lachhafte Ausscheidungsprozesse wieder loswerden. Diese Prozesse nennt man «pinkeln» und «kacken».

Beides sind im Grunde automatische Funktionen, die von der Schwerkraft geregelt werden; dennoch muss der Mensch lernen, einige dafür vorgesehene Ventile in der unteren Körperhälfte zu beherrschen, sobald er kein kleines Baby mehr ist. Dieses Muskeltraining soll dem Menschen genügend Zeit geben, sich vom jeweiligen Aufenthaltsort weg in eine besonders geeignete und beruhigende Umgebung für das «Geschäft» zu begeben. Diese Umgebung heißt «Natur».

Da die Natur sich allerdings mit der Zeit nur noch in weiter Entfernung von menschlichen Behausungen und Städten blicken ließ, waren die Menschen gezwungen, ein bequemes Netzwerk spezieller Zugänge zur Natur zu errichten, die «Toiletten» heißen. Dieses ausgefeilte System von Sitzflächen, Löchern und Röhren verbindet den Po des Menschen geradewegs mit Flüssen und Meeren.

Natürlich kann man sich seiner Ausscheidungen auch weiterhin unmittelbar in Flüsse und Meere entledigen, doch das ist immer weniger beliebt, vor allem wegen der Haie, der Unbequemlichkeit, der Kälte und der Missbilligung.

NÜTZLICHE TIPPS

 Es ist ratsam, sich an die bewährten und empfohlenen Toilettenpositionen wie Hocken und Sitzen zu halten. Bitte vertrauen Sie hier der langen Reihe von Vorfahren Ihres Menschen, die diese Methoden im Laufe lehrreicher Jahrtausende gesucht, getestet, verfeinert und optimiert haben, so dass sie heute als perfekte Ausscheidungshaltungen gelten können.

 Ihr Mensch sollte sich angewöhnen, beim ersten Warnsignal des Körpers unverzüglich den nächstgelegenen Ausscheidungsbereich aufzusuchen. Die Toilette nicht rechtzeitig zu erreichen, gilt in der Gesellschaft als unerwünscht.

 Es hat wenig Sinn, das Toilettenpapier zu waschen und wiederzuverwenden, denn es wird sich dabei genauso auflösen wie die gesellschaftliche Akzeptanz des Menschen, der es versucht.

MANUELLE FORMREGULIERUNG

Kapitel V

WARTUNG

Bewegung, Stillstand & alles dazwischen

TRAINING UND SPORT

Wie Steine in einem Flussbett neigt auch der Mensch dazu, im Laufe der Zeit immer rundere Formen anzunehmen. Dafür sind in erster Linie die beiden schon erwähnten dominanten Überlebensmechanismen verantwortlich, die ihm die Natur mitgegeben hat: die *Gier*, die ihn zu lustgesteuerten Zuckerorgien treibt, und die *Faulheit*, die ihn danach aufs Sofa wirft, wo sich der Zucker in teigige Schichten von Kuschelpolster verwandelt.

Damit der menschliche Körper optimal funktionieren kann, muss er versuchen, diese tief sitzenden, machtvollen Instinkte manuell auszuschalten, indem er sich selbst immer wieder durch eine Reihe repetitiver Bewegungsmuster quengelt und drängelt. Dies heißt «Training» und ist ungeheuer unbeliebt.

Der Grund liegt vor allem in einem gewaltigen, fundamentalen Widerspruch: Angeblich soll man sich durch Bewegung gesünder fühlen, besser aussehen und länger leben. Wenn man allerdings richtig trainiert, fühlt man sich in der Regel grauenhaft, sieht schrecklich aus und glaubt, jeden Augenblick an einem Herzinfarkt zu sterben. Sobald man diesen Widerspruch thematisiert – normalerweise gegenüber einem weniger verschwitzten Menschen, der ein Muskelshirt trägt –, bekommt man erklärt, dass man sich so grauenhaft fühlen *soll*, damit es einem beim nächsten Mal nicht ganz so grauenhaft geht und man dann länger trainieren kann, so dass man sich also länger weniger grauenhaft fühlt, damit es beim nächsten Mal … und immer so weiter.

Natürlich antworten die meisten Menschen bei der Aussicht auf ein derart endloses Grauen etwa so: «Ähm. Na ja. Also ehrlich gesagt – nein danke, ich bleibe lieber hier sitzen, starre auf meine Schnürsenkel und esse diese Sauergurke. Viel Glück mit dem Kanu, den dicken Muskeln und dem Rest des Lebens. Einen schönen Tag noch.»

Darum haben die weniger schwitzenden Menschen (die weiterhin Muskelshirts tragen) versucht, das Trainingserlebnis im Lauf der Jahre aufzubessern, indem sie Spiele und Wettbewerbe einführten. Sie fügten Punkte, Schläger, Löcher, Linien, Netze, Mannschaften, Pfeifen, Egos, Gewalt, Geld und un-  endlich viele Bälle hinzu. Diese Neuerung nannte man «Sport», und eine Weile funktionierte sie hervorragend. Nicht nur bekam die körperliche Ertüchtigung dadurch die aggressive Stammesdynamik, die ihr bis dahin gefehlt hatte, sondern die Menschen erhielten auch ein lustiges neues Regelwerk, an das sie sich halten, nach dem sie wetteifern oder das sie nach Belieben fehlinterpretieren konnten, wenn sie einen passenden Anlass suchten, den Schiedsrichter anzuschreien.

Das ging so lange gut, bis die riesige Mehrheit der Menschheit begriff, dass sie nicht direkt und *aktiv* am Sportgeschehen teilnehmen musste, sondern sich genauso gut amüsieren konnte, wenn sie anderen Menschen aus großer Entfernung beim Sport *zuschaute* und dabei bequem saß, Bier trank, gesalzene Fleischklumpen aß und herumbrüllte.

Dennoch verbrennen auch diese passiven Sportfreunde jedes Jahr einige Kalorien, vor allem indem sie lautstark ihre ermüdend korrekten Meinungen vorbringen.

TRAININGSARTEN

Vorbereitung

Vor jeder größeren Trainingsanstrengung muss man sich zuerst «aufwärmen», also die Muskeln im Voraus aufheizen, indem man auf jede nur denkbare Weise springt, stößt, sich dehnt und bückt – Hauptsache, es wirkt vollkommen lächerlich.

Die Faustregel lautet: Aus der Ferne sollte es aussehen, als wollte man das Alphabet tanzen, während man gerade den allerersten Tag auf der Erde verbringt und bisher weder vom Alphabet noch von Tanzen je etwas gehört hat.

Gehen

Um den Körper von einem Ort zum anderen zu bewegen, lernt der Mensch ziemlich rasch, sein gesamtes Körpergewicht in eine Richtung zu befördern, indem er abwechselnd die Beine voreinander setzt. Das ist so einfach und genial, dass es einen umhaut. Im Idealfall aber bleibt man auf den Beinen und nennt es «Gehen».

Das Gehen ist zwar ziemlich aus der Mode gekommen, doch es ist immer noch eine der grundlegenden Fähigkeiten des Menschen und dient zum Beispiel dazu, die großen Metallbehälter zu erreichen, die den Menschen ansonsten transportieren, oder Hunde durch den Park zu verfolgen oder in die Kneipe und wieder zurück zu gelangen. Letzteres ist der Lieblingsgang der meisten Menschen, darum suchen sie ihn auf kreative Art und Weise zu verlängern. Beliebte Verlängerungsmethoden sind: spontane Schritte in die falsche Richtung, sich verlaufen, torkeln, stehen bleiben und Leute ansprechen, stehen bleiben und Laternenpfosten ansprechen, die wie Leute aussehen, oder erst merken, dass man seinen Schlüssel in der Kneipe vergessen hat, wenn man eine fremde Tür nicht mit dem eigenen Daumen öffnen kann.

Manche Menschen gehen auch einfach nur zum Vergnügen, doch schlägt ihnen meist Misstrauen entgegen, weil ihre Fortbewegung sowohl nüchtern und geradlinig als auch ziel- und zwecklos ist. Dagegen hilft, sich mit zwei Skistöcken zu bewaffnen, die Aktivität «Nordic Walking» zu nennen und sie kurzerhand zur Sportart zu erklären.

Joggen

Joggen ist sehr beliebt, weil es anderen Menschen so augenfällig demonstriert, dass man trainiert. Will man sein Joggen jedoch geheim halten, sollte man am besten keine «Joggingkleidung» tragen, sondern kurze Ausbrüche nonchalanten Joggens unauffällig in seinen Tagesablauf integrieren, indem man zum Beispiel zu spät zur Arbeit aufbricht, den Busfahrplan missachtet oder den Toilettenbesuch absichtlich hinauszögert.

Rennen

Das Rennen wurde kurz nach dem Joggen erfunden, wahrscheinlich weil jemand beim Joggen auf eine Schlange trat und sich seine Prioritäten drastisch verschoben. Inzwischen erfreut sich eine Vielzahl von Menschen am Rennen, darunter Läufer, Straßenräuber und Menschen, die nicht ausgeraubt werden wollen.

Schwimmen

Da der Mensch ein Landsäugetier ist, dürfte normalerweise etwas gründlich schief gelaufen sein, wenn er zum Schwimmen gezwungen ist. Das gilt natürlich nicht, wenn das Schwimmen im Schwimmbecken stattfindet. In diesem Fall handelt es sich lediglich um eine feuchte und fuchtelnde Form des Bewegungstrainings, die vor allem in Wasser ausgeübt wird, dem jedoch immer auch ein wenig Pipi beigemischt ist.

Fitnessstudios

Fitnessstudios sind eigentlich für Menschen gedacht, die gehen, laufen, rudern und Rad fahren wollen, ohne sich irgendwohin zu bewegen. Das Problem an der Sache ist aber, dass man zuerst ein Stück gehen muss, um ins Fitnessstudio zu gelangen. Das hat die meisten Menschen zu der Schlussfolgerung verleitet, dass man gar nicht mehr *ins* Fitnessstudio gehen muss, wenn man schon mal *hin*gelaufen ist, und dass man dann ebenso gut zu Hause bleiben und ein gebratenes Hähnchen am Spieß essen kann.

ACHTUNG!

Fitnessstudios

Ein Fitnessstudio ohne fachmännische Anleitung und Übung zu besuchen, kann ein ernsthaftes Risiko für die Persönlichkeit darstellen. Vergessen Sie nicht: Fitnessstudios sind zwar Teil des öffentlichen Raumes, aber das bedeutet *nicht*, dass die Öffentlichkeit einem unbedingt dabei zuschauen möchte, wie man begeistert grässliche Beinpressen vorführt.

Tatsächlich kann der gravierendste Missbrauch von Fitnessgeräten zum durchaus tragischen *Fitness-Persönlichkeitsstörungs-Syndrom* (FPS) führen. Zu den Symptomen zählen Eitelkeit, Egozentrik, Narzissmus, Langweiligkeit und eine stark eingeschränkte Urteilsfähigkeit in Bezug auf die Angemessenheit von Muskelshirts.

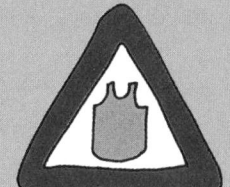

Menschen, die unter FPS leiden, finden sich in jedem Fitnessstudio, meist vor den mannshohen Spiegeln, wo sie das Spiegelbild für jemanden halten, für den sich der Rest der Besucher besonders interessiert.

Schutzmaßnahmen gegen FPS sollten schon in der Kindheit einsetzen, wobei man «spaßbetonte» Charaktereigenschaften grundsätzlich fördern und/oder jede Vorliebe für repetitive, undankbare Pflichtübungen in geschlossenen Räumen abtrainieren sollte.

Ein gesunder, vernünftiger Erwachsener sollte nur widerwillig ins Fitnessstudio gehen und den Besuch als notwendiges Gegengewicht zu einer wunderbaren Lebensweise mit viel Zucker, Alkohol und Sitzen betrachten.

STÖRUNGEN RASCH BEHEBEN

Mein Mensch funktioniert nicht mehr so schnell wie zuvor.

Wird der Körper Ihres Menschen physisch gehemmt?

Zu den häufigsten Hemmnissen zählen schlecht sitzende Hosen, der Aufenthalt unter Wasser, der Aufenthalt unter Wasser in einem Netz und Kleinkinder, die sich ans Bein Ihres Menschen klammern, weil sie ihn so furchtbar lieben.

Ist der Körper Ihres Menschen korrekt zusammengesetzt?

Der Mensch besteht aus zahlreichen beweglichen Teilen, die alle schon durch ein falsches Niesen aus der Verankerung geraten und den ganzen Körper wie eine langsam zusammenbrechende Giraffe zum Taumeln bringen können. Bevor Sie also etwas Komplizierteres in Angriff nehmen als Schnarchen oder Schluckauf, sollten Sie überprüfen, ob alles richtig zusammengefügt ist.

Ist der Energielevel Ihres Menschen vielleicht zu niedrig?

Menschen werden von Brot und Pasta angetrieben. Sie sollten also nachprüfen, ob Ihr Mensch in letzter Zeit mit Kohlehydraten aufgefüllt wurde. Wenn Ihr Mensch außergewöhnlich lange nichts gegessen hat, kann es vorkommen, dass die noch vorhandene Energie in der Mundregion konzentriert ist, damit die lebenswichtigen Jammerfunktionen reibungslos weiterlaufen.

Ist Ihr Mensch motiviert?

Menschen rebellieren oft gegen das, was sie tun müssen, aber nicht tun wollen, indem sie sich einfach langsamer bewegen. Man nennt dies «trödeln», «bummeln» oder «schluffen». Manchmal ist das schlicht eine Methode, mit der gestellten Aufgabe fertig zu werden. Meistens ist es jedoch eine Strategie, mit dem Menschen, der ihnen die Aufgabe gestellt hat, fertig zu werden – sie hoffen dann, dass ihre zögerliche Ausführung so schmerzhaft anzusehen ist, dass sie nie wieder vor dieselbe Aufgabe gestellt werden.

Ist Ihr Mensch nüchtern?

Unter Alkoholeinfluss arbeiten Menschen nicht immer mit voller Geschwindigkeit und Leistungsfähigkeit. Die Entscheidungsfindung kann durch die Wirkung des Alkohols auf das Gehirn verlangsamt werden; die Bewegungen können durch die Wirkung des Alkohols auf Muskeln und Nerven verlangsamt werden; und die Bestellung weiterer Alkohols an der Bar kann durch endlos viele Faktoren verlangsamt werden, u.a. Navigationsfehler, den alkoholischen Effekt auf die Blase und die Reaktion der Bedienung auf trunkenes Gefasel.

Doch keine Sorge, sinkende Leistungsfähigkeit kann auch auf Alterungsprozesse zurückzuführen sein.

Wenn Sie alles in Ihrer Macht Stehende getan haben, um Ihren Menschen zu optimieren, dann liegt der Abfall der Leistungsfähigkeit wahrscheinlich schlicht am fortschreitenden Alter. Altern ist ein ganz natürlicher Vorgang – es passiert ständig und überall.

Dennoch verwenden einige Menschen Pflegeprodukte «gegen Alterungsprozesse», mit denen sie die Spuren der Zeit abwehren wollen. Es muss jedoch festgehalten werden, dass derartige Bezeichnungen von den Herstellern willkürlich gewählt sind und dass es bisher keinerlei stichhaltige Belege dafür gibt, dass Feuchtigkeitscremes die lineare Abfolge von Ereignissen unterbrechen oder gar umkehren können.

Menschen sollten sich nicht davon entmutigen lassen, dass das Alter sie langsamer macht, sondern ihre verbleibende Energie und ihre Ressourcen auf die Gebiete konzentrieren, auf denen sie noch von Nutzen sein können. Wer keinen Marathon mehr laufen kann, besitzt immerhin ein Hirn, das schon länger auf der Welt ist als die meisten anderen, weshalb es diesen in den Bereichen Nostalgie, Wahlentscheidungen und allmähliches Schrumpfen deutlich überlegen sein dürfte.

WERKSEINSTELLUNGEN

Kapitel VI

OPTIMIERUNG

Waschen, Kleiden, Haare & Make-up

WASCHEN UND REINIGEN

Die körperliche Pflege ist ein unglaublich wichtiger Bestandteil menschlichen Erlebens, vor allem für diejenigen, die *Ihren Menschen* aus nächster Nähe erleben müssen.

Frühere Modelle des Menschen waren im Grunde selbstreinigend, weil sie ungeschützt in Wind, Regen und unter Blumen lebten, doch neuere Versionen müssen regelmäßig mit Wasser und Seife gereinigt werden. Bei regelmäßigem Waschen wird Ihr Mensch gesund aussehen, toll riechen und relativ geschmacksneutral bleiben.

Eine der beliebtesten Reinigungsarten ist es, den Menschen unter eine Dusche zu stellen. Man kann so übrigens auch am schnellsten die Kleidung, die Schuhe und den Laptop waschen, wenn Ihr Mensch vergessen hat, wo er gerade steht, während er an den Armaturen herumspielt.

Besonders gern werden Duschen dort verwendet, wo Zeit als kostbares Gut gilt, denn mit ihrer Hilfe kann man vorhersehbar nass werden, ohne die Regenvorhersage in die Tagesplanung einzubeziehen.

Dennoch legen sich wichtige und vielbeschäftigte Menschen lieber in die Badewanne. Das hat den Grund, dass beim Duschen die Produktivität deutlich eingeschränkt ist, denn man muss 1. aufrecht stehen, 2. das Gleichgewicht halten und 3. sich wie ein alberner Dönerspieß im Kreis drehen, damit Wasser an alle trockenen Teile gelangt.

In der Badewanne kann der Mensch weitaus mehr erledigen, denn er liegt still und nicht der gesamte Körper muss sich unter Wasser befinden. Der Kopf kann beispielsweise über Wasser sein, so dass man ans Telefon gehen kann. Auch die Hände können trocken bleiben, so dass man sich den Hörer ans Ohr halten oder ihn ins Wasser fallen lassen kann, wenn das Gespräch beendet ist.

OPTIONALE INSTANDHALTUNG

Einige Teile des menschlichen Körpers sollten besonders gründlich gepflegt werden, damit Ihr Mensch seinen hart erworbenen Ruf als beeindruckende Säule der Gesellschaft mit strahlendem Selbstbewusstsein aufrechterhalten kann. Es handelt sich um folgende Teile:

Körperteil	Instandhaltung und Pflege
Zähne	Viele Zähne bedeuten leider auch viele Zahnzwischenräume, in denen übelriechende Dinge steckenbleiben können. Das ist problematisch, weil der Mund warm und feucht ist und sich normalerweise in Richtung der Gesichter anderer Menschen öffnet – kein ansprechender Ort also, um einen kleinen Fisch oder ein Stück Ei mehrere Tage zu lagern. Zähne sollten daher regelmäßig mit einer Zahnbürste angegangen werden. Kinder sollten sich die Zähne vor ihren Eltern putzen, damit ein Erwachsener überprüfen kann, ob sie es auch wirklich tun. Erwachsene sollten sich die Zähne vorm Spiegel putzen, damit sie selbst überprüfen können, ob sie es auch wirklich tun.
Fingernägel	Fingernägel hören nie auf zu wachsen, eine höchst gefährliche Eigenschaft, da sie sich im Lauf der Zeit zu langen, harten, unnachgiebigen, scharfen, gekringelten und bedrohlichen Fingerschwertern entwickeln würden. Zum Glück sind die meisten Menschen sich einig, dass man sie regelmäßig schneiden sollte, und vermeiden so in demokratischer Übereinkunft eine Welt voll tollpatschiger Handwerker, zerstörter Kleider und blinder Kinder.

Ohren	In Ohren sammelt sich Schmalz, weshalb sie immer schlechter hören, wie dringend das Schmalz eigentlich raus müsste. Im Unterschied zu Nasen, die man schnäuzen, und Augen, die man sauberweinen kann, muss man die Ohren mit einem Stochergerät säubern.
	Viele Menschen verwenden dafür spezielle Reinigungsutensilien, denn das Ohrenschmalz beeinträchtigt den ansonsten leckeren Geschmack der Finger.
Haare	Funktionsfähige Frisuren benötigen ständige Organisation, Überwachung und Aufmerksamkeit. Zunächst bedarf es der sorgfältigen Auswahl eines Frisurenstils, andernfalls werden die erwünschte Persönlichkeit und die Werte des Trägers nicht visuell transportiert, so dass sie von Menschen mit dem gleichen Wertesystem anerkannt werden können. Sodann muss die Frisur regelmäßig gewaschen werden, andernfalls lassen sich fremde Lebewesen darin nieder.
	Vollkommen ungewaschene Haare entwickeln sich mit einiger Wahrscheinlichkeit allmählich zu Dreadlocks, einer Art Frisur, welche ein großes Risiko birgt, in Zäunen hängen zu bleiben. Das liegt zum Teil am Zustand der Verfilzung dieser Frisur, vor allem aber am zugehörigen Lebensstil, der statistisch häufiger zu Zaunklettern führt.
	Eine Alternative stellt die «Glatze» dar, die sich aktuell immer größerer Beliebtheit erfreut, denn sie ist leicht zu erstellen, zu pflegen, zu waschen, und sie passt gut zur Fliege. Sie stärkt auch das Selbstwertgefühl, denn Wissenschaftler behaupten, durch die Glatze werde der Bereich des Gehirns, der Kahlheit fürchtet, vollständig neu konfiguriert und könne mit einer ganz neuen, wundervollen Glatzenpersönlichkeit ausgerüstet werden.

ANZIEHEN

Fast alle Menschen tragen Kleidung. Wer keine trägt, wird entweder als vollkommen normal oder als vollkommen anormal betrachtet, je nachdem, ob er sich gerade im heimischen Regenwald oder im Schalterbereich einer Bank aufhält.

Das Tragen von Kleidern hat verschiedene Gründe:

☐ Schutz vor Kälte

☐ Schutz vor dem Wetter

☐ Schutz der schlabbrigeren Körperteile vor übertriebenem Herumschlabbern

Wärme und Bequemlichkeit gelten jedoch heutzutage als langweilige Notwendigkeiten, und viele Menschen sehen Kleidung inzwischen nicht mehr nur als Ersatz für verlorene Körperbehaarung. Wo frühere Menschenmodelle schlicht ein Tier töteten und dann in die Hülle stiegen, ist die Lage heute weitaus komplizierter, was vor allem einem Phänomen namens «Mode» zuzuschreiben ist.

Mode ist eine Art Religion, der die Menschen anhängen; sie verlangt von ihnen, dass sie sich auf eine ganz bestimmte Weise kleiden, andernfalls droht gesellschaftliches Scheitern. Modeanhänger müssen glauben, dass es so etwas wie *Cool* gibt. Sie werden *Cool* nie zu sehen kriegen, nie mit *Cool* sprechen, auch keine objektiven Beweise bekommen, dass *Cool* irgendwo außerhalb ihrer Vorstellung existiert; dennoch müssen sie unerschütterlich an die Existenz von *Cool* glauben.

Das Wichtigste beim Glauben an *Cool* ist, an dasselbe *Cool* zu glauben wie die Menschen um einen herum und genau das zu tun, was die Priester des *Cool* einem sagen.

Diese Priester sind dünne Menschen, die oft in Heiligen Zeitschriften zu sehen sind, wo sie ernst schauen, oder auf Laufstegen, wo sie noch ernster schauen, obwohl sie dabei ein Kleid tragen, das als «Glitzernder Sonntagsroboter trifft urbanisierte Froschrevolution» beschrieben wird.

KLEIDUNGSSTÜCKE

T-Shirts sind Stoffhüllen, die den oberen Teil des menschlichen Körpers bedecken und es durch raffiniert eingefügte Löcher ermöglichen, dass der Mensch Arme und Kopf weiterhin ungehindert benutzen kann. Weil sich diese Kleidungsstücke direkt im Sichtfeld des menschlichen Kindes befinden, sind sie oft farbig und drücken Meinungen aus; manchmal zeigen sie sogar hilfreiche kleine Logos, damit Kinder frühzeitig alles über Markenidentität lernen.

Anzüge sind die offizielle Uniform für Büroarbeit, denn sie verbergen ganz unanzüglich den größten Teil der individuellen Persönlichkeit und des Charakters, so dass die Wirtschaftswelt frei von lästigen Störungen wie Menschlichkeit weiterlaufen kann. Individualität lässt sich im Anzug nur mithilfe einer *Crazy Krawatte* ausdrücken. Leider vermittelt diese jedoch nicht immer die gewünschte «Verrücktheit», sondern weit öfter «tragischen Realitätsverlust» und «absolute Unerträglichkeit».

Pyjamas sind spezielle Kleidungsstücke zum Schlafen, weshalb sie selten tagsüber getragen und nur in Ausnahmefällen aus unbequemem Material wie Jeansstoff, Leder oder Aluminium gefertigt werden.

Kopfbedeckungen gibt es zu unterschiedlichen Zwecken in unterschiedlichen Formen. Zylinder machen am meisten Eindruck, Hüte mit breiten Krempen spenden am meisten Schatten, kleine Hütchen sind am witzigsten, und elektrische Mützen sind nach allgemeiner

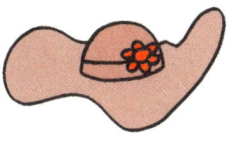

Ansicht höchst unpassend im Regen. Hüte und Mützen dienen meist dazu, den Kopf vor Kälte zu schützen.

Sie weisen in dieser Hinsicht alle Vorzüge einer ausladenden Frisur auf, können jedoch im Kino leichter abgenommen werden.

Schuhe verhindern, dass Füße durch den jeweiligen Boden abgelenkt werden, auf dem sie gerade laufen. Oft sind Schuhe aus Material gefertigt, das härter ist als menschliche Haut, weshalb man sie gut zwischen Haut und Boden tragen kann.

Socken bedecken die Füße und sind eine Art Schmiermittel für Schuhe. Socken sind am besten, wenn sie atmen können. Socken sind am schlechtesten, wenn die Menschen drum herum es nicht mehr können. Dazu kommt es häufig, eben weil die Socken den ganzen Tag zwischen dem warmen, feuchten Fuß und dem harten, engen Schuh festsitzen. Wenn Socken zu sehr stinken, sollten sie in Dreier-Sets gewaschen werden, denn die Waschmaschine frisst als Lohn für ihre Dienste jedes Mal einen auf.

Unterwäsche ist die von Menschen am häufigsten getragene Kleidung. Doch auch wenn diese Häufigkeit glauben macht, dass Unterwäsche äußerst modisch sei, tragen Menschen sie nur sehr selten über ihrer übrigen Kleidung, wo alle anderen sie sehen könnten. Darum ist die Unterwäsche der anderen ein spannendes und verlockendes Geheimnis, was vielleicht erklärt, warum Erwachsene versuchen, um jeden Preis einen Blick darauf zu erhaschen.

BHs sind, vereinfacht gesagt, eine Art Hängematte aus Spezialgewebe zum Umschnallen, um die Brüste vor der Schwerkraft zu schützen. Sie werden fast ausschließlich von Frauen getragen, um deren Brüste zu halten, trotz der vielen Angebote von Männern, ihnen dabei zu helfen.

Schmuck nennt man kleine Teile aus Metall und Steinen, die Menschen tragen, wenn sie sich von allein nicht glänzend genug fühlen. Die meisten Menschen finden es geschmackvoll, sich mit Glitzerdingen zu dekorieren, die man aus der Erde geholt hat. Mancher Schmuck ist neckisch und abnehmbar, die wertvollsten Teile jedoch werden permanent an die schlabberigsten Teile des Körpers geheftet; diese Technik nennt man «Piercing».

Tattoos oder **Tätowierungen** sind so etwas wie Schmuck aus Tinte und Bildern, die so in die Haut eingefärbt werden, dass die Zeit ihnen nichts anhaben kann, ebenso wenig wie Reue oder sich ändernde Lebensumstände. Manche Tattoos bestehen nur aus Worten – eine Form der Kommunikation ohne Reden. Menschen, die zum Beispiel «Love» und «Hate» auf ihre Fingerknöchel tätowiert haben, müssen bei passenden Fragen nur noch die passende Faust heben: «Wie schmeckt dir meine Quiche, Schatz?»

Armbanduhren wurden erfunden, weil Menschen immer zu spät kamen, wenn sie sich nach ihren Armbändern richteten. Es gibt sie in zwei Sorten: *existierend* und *nicht-existierend*. Wenn der Mensch eine existierende Armbanduhr trägt, kann er fest-

stellen, wie spät es ist, indem er auf sein Handgelenk schaut.

Wenn er eine nicht-existierende Armbanduhr trägt, kann er die Uhrzeit herausfinden, indem er auf sein Handgelenk schaut, darauf tippt und dann mit dämlich fragender Miene einen Menschen anschaut, der eine existierende Armbanduhr trägt.

Hosen sind meist in der Form von Beinen erhältlich. Manche haben die Form sehr kleiner Beine, sitzen allerdings an sehr großen Beinen und wirken so extrem eng. Das klingt eigentlich ganz simpel, doch überraschenderweise sagen sehr viele Menschen: «Mann, diese Hose ist echt zu eng», obwohl daran ganz bestimmt nicht die Hose schuld ist.

Mit **Gürteln** bindet man Hosen am Körper fest, damit sie nicht herunterrutschen und um die Fußgelenke hängen, was die Bewegungsfreiheit und die berufliche Vermittelbarkeit einschränkt. Gürtel haben zahlreiche Löcher, was in Ordnung ist, denn sie sind keine Taschen.

Handschuhe halten die Hände des Menschen entweder warm und sauber oder warm und verschwitzt. Man trägt Handschuhe normalerweise bei Schneeballschlachten, beim Golf spielen und bei Operationen, vielleicht weil die verminderte Grifffestigkeit diese Aktivitäten für alle Beteiligten spannender und aufregender macht.

Brillen kommen immer mehr in Mode und werden inzwischen von vielen Menschen getragen, die an den neusten Trends und Styles interessiert sind, vor allem weil sie so diese Trends und Styles weniger verschwommen wahrnehmen können.

Sonnenbrillen sind ein hilfreiches Accessoire für sonnige Tage, weil sie andere Menschen daran hindern zu sehen, wohin man selbst schaut, und weil all die Menschen, die man auf widerwärtige Weise anstarren möchte, an sonnigen Tagen am besten aussehen.

Kleider teilen

KULTUR: EIN DIAGRAMM

Kapitel VII

SOFTWARE

Denken, Fühlen, Sprechen & Dazugehören

MOTIVATIONSGRUNDLAGEN

Überleben

Eins der wichtigsten Handlungsmotive für alle Menschen ist der Wille zu überleben, als Individuum wie auch als Spezies. So scharf Menschen auch auf alle möglichen Dinge zu sein behaupten – Autos, Schuhe, Geld oder Liebe –, wenn man sie vor die Wahl zwischen dem Ding und dem Überleben stellt, werden die allermeisten einen Rückzieher machen und zugeben: «Ähem, okay, na gut, dann will ich doch lieber überleben.»

Sicherheit

Wenn er das Überleben erstmal geschafft hat, strebt der Mensch nach Sicherheit, also der Maximierung des Komforts und der Minimierung des Risikos, wobei beides idealerweise zusammenfällt.

Sicherheit ist auch als Faulheit bekannt und gehört zu den angenehmsten Genüssen für den Menschen, denn sie ist umsonst und unbegrenzt zu haben, und man muss dafür nirgendwohin gehen, weshalb man sich ihrer auch bei knappem Budget ohne Umstände erfreuen kann.

Status

Status ist eine wichtige Grundlage der menschlichen Kultur, weil er die potenzielle Reihenfolge in der Schlange bestimmt, wenn potenziell mehr Leute eine potenzielle Sache brauchen, als es von der potenziellen Sache mengenmäßig gibt.

Menschen versuchen oft, ihren Status zu verbessern, und sammeln dabei allerlei Dinge als «Statussymbole» an. Von schnelleren Autos bis zu größeren Häusern können alle möglichen

Gegenstände für den Menschen sprechen, dem sie gehören, jedenfalls wenn dieser Mensch eigentlich sagen will: «Schau dir das hier an. Ich brauche das nicht, aber ich habe es. Es ist *meins*, und ich *gewinne*.»

Bedürfnispyramide (mit absteigender Relevanz)

Spaß

Wasser / WLAN

Rechthaben / Essen

Schlaf / Witze / Sicherheit

Geburtstagsfeiern / Träume / Schuhe

Sonne / Toilettenpapier / Liebe / Klatsch & Tratsch

Menschen sind Herdentiere, denn es ist viel leichter zu überleben, komplexe Aufgaben zu lösen und Witze zu machen, wenn mehr als einer dabei ist.

Tatsächlich war es zu Zeiten der Höhlenbewohner für einen Menschen ohne Stamm sehr schwierig zu jagen, nicht gejagt zu werden und brauchbare Reaktionen auf Pointen zu bekommen. Einer der frühesten aufgezeichneten «Witze», den ein Einzelgänger ohne Stamm an eine Höhlenwand malte, ist denn auch das Bild eines Büffels zwischen zwei Händen.

Nicht gerade zum Totlachen, stimmt's?

Doch noch schwerer als der schwächelnde Humor wog für die Menschen, dass man ohne Meute so viel schlechter jagen konnte. In der Gruppe hingegen konnte man bestimmten Mitgliedern spezialisierte Aufgaben wie Treiber, Fänger und Abstecher übertragen. Die Folge dieser Herdenjagd war die

Entwicklung von menschlichen Gemeinschaften, die sich vollkommen aufeinander verlassen und darum gut miteinander auskommen mussten. Gemein zu anderen zu sein ist auf lange Sicht strategisch unklug, wenn man diese anderen braucht, um eine Antilope zu töten.

Außerdem wurde es bald eine Frage von Leben und Tod, ob einen die Gemeinschaft verstieß – man konnte sonst nirgendwo hin, und allein konnte man nicht überleben. Also lernten die Menschen ziemlich rasch, ziemlich freundlich zueinander zu sein. Und noch besser lernten sie, den Ausschluss aus der Gemeinschaft als Höchststrafe zu fürchten. Denn nicht gemocht zu werden ist auf lange Sicht strategisch noch unklüger, wenn man überhaupt ans Büfett gebeten werden will.

Zum Glück werden die meisten Menschen in eine schon fertige Meute hineingeboren, sie müssen sich also nur darum kümmern, auch drin zu bleiben. Die beste Überlebensstrategie ist daher, geboren zu werden, sich die Leute genau anzuschauen, die einem am nächsten sind, und sich ebenso zu verhalten wie sie. Wenn alle Kochtöpfe auf dem Kopf tragen und dem Glauben anhängen, dass jeder Mensch ohne Kochtopf auf dem Kopf ein gefährlicher Verräter ist, dann weiß man, was zu tun ist, wenn man etwas vom Abendessen abbekommen will.

NÜTZLICHE TIPPS

 Es gibt auf der Welt zwei Arten von Menschen: *normale* und *komische*. Normale Menschen sind leicht zu finden, die sind nämlich genau wie man selbst. Jeder Mensch weiß von alleine, wie normal er ist. Und die anderen sind genauso. Komische Menschen hingegen sind anders, und man sollte ihnen aus dem Weg gehen, bis sie damit aufhören.

 In jedem menschlichen Gehirn gibt es eine natürliche Obergrenze für die Zahl der Menschen, die einem wirklich wichtig sind und in die man sich einfühlen kann. Das führt zu Stammesbindung und gesellschaftlicher Distanz. Um diese Grenze zu entdecken, muss man einfach alle Menschen, die man kennt, in einer sehr langen Reihe hintereinander aufstellen, lächelnd daran entlang gehen und aufhören zu zählen, wenn das Gesicht beginnt zu schmerzen.

 Fremde sind bloß Freunde, die man noch nicht kennengelernt hat. Desgleichen sind Freunde auch bloß Fremde, die man noch nicht wegen einer beim Schlittschuhlaufen erlittenen Kopfverletzung vergessen hat.

Länder

Die meisten Menschen werden bei der Geburt sogleich bei einem freundlichen regionalen Unternehmen namens «Land» oder «Staat» angemeldet. Das Land, bei dem sie als Baby gemeldet werden, besitzt sie von nun an, und für alle Zukunft müssen sie ihren Arbeitslohn mit diesem Land teilen.

Länder oder Staaten sind nämlich weder eine Gruppe von Menschen noch ein Stück Erde, sondern die Grenzen, bis zu denen eine Institution eine Gruppe von Menschen auf einem Stück Erde besteuern kann, ehe eine andere Institution diese Aufgabe übernimmt. Um das alles aber ein bisschen aufregender zu gestalten, haben Länder oft auch eigene Lieder, Raketen und Tischtennisteams.

Sein eigenes Land zu mögen ist bis heute sehr beliebt. Dies heißt «Patriotismus» und tritt mit schöner Regelmäßigkeit bei allen Menschen in allen Ländern auf, was den Schluss zulässt, dass die Menschen ihr jeweiliges Land gar nicht so sehr dafür lieben, wie es wirklich ist, sondern nur dafür, dass sie selbst dazugehören.

Religionen

Obwohl das ganze Leben im Grunde eine Nahtoderfahrung ist, verwenden manche Menschen einen Teil davon, um über die uralte Frage nachzugrübeln, die sie seit der Daumen-Dämmerung begleitet: «Moment mal ... ähm, aber ... *warum?*» Diese Menschen heißen «Wissenschaftler».

Will man jedoch nicht zu viel Zeit darauf verschwenden, durch ein Mikroskop/Teleskop winzige/riesige Punkte zu beobachten, aber trotzdem alle Antworten auf alle Fragen bekommen, so kann man sich zum Glück einfach an seine freundliche Nachbarschaftsreligion wenden.

Im Grunde genommen sind Religionen herrlich bunte Sammlungen strenger Regeln und vager Gerüchte, an denen sich jeder Mensch erfreuen kann, der unbegrenzte Neugier, aber nur eine begrenzte Menge an Leben besitzt.

SPRACHE

Bevor es eine Sprache gab – so wird allgemein angenommen –, gab es keine. Oder wenn es eine gab, so sprach jedenfalls niemand darüber.

Das heißt, dass die frühen Menschen gezwungen waren, sich mit wütendem Grunzen, hungrigem Grunzen, verwirrtem Grunzen, anzüglichem Grunzen und jeder Menge geilem Zwinkern zu verständigen. Dann, eines langsamen Morgens, deutete ein besonders perplex wirkender Wilder mit dem Zeigefinger aufgeregt auf das große gelbe warme Ding am Himmel und machte: «ÖRGH.»

Der Mensch neben ihm war der gleichen Meinung.

Als das große gelbe warme Ding irgendwann wieder wegging, schlug jemand anderes vorsichtig vor: «ARGH?»

Dieses Geräusch wurde weniger begeistert aufgenommen. Es gab sogar einige Auseinandersetzungen über die Ähnlichkeit zwischen dem zweiten Geräusch und dem ersten, doch zum Glück währte die Auseinandersetzung nicht lange, weil noch nicht so viele Geräusche für Diskussionen zur Verfügung standen.

Irgendwann wurden diese Geräusche immer vertrauter und erkennbarer und standen bald für die immergleichen Gedanken oder Vorstellungen. In diesem Fall: *Großes gelbes warmes Ding geht auf* und *Großes gelbes warmes Ding geht unter*. Diese verbalen Zeichen konnten dann mit dem ganzen Stamm geteilt und über Generationen weitergegeben werden.

Als die Menschen das Konzept «Wort» erst einmal begriffen hatten, dauerte es nicht mehr lange, bis sie überall auf Dinge zeigten und Geräusche zu *Bäumen* und *Frauen* und *Füßen* und *Spinnen* und *Geräuschen* und *möglich* und *Sätzen* und *bilden* machten und dann aus diesen Geräuschen alle möglichen Sätze bildeten.

Das war eine kluge Entwicklung, denn sie machte Kommunikation möglich – eine Methode, um Wissen auszutauschen, für längere Zeit zu speichern und mit seiner Hilfe Gruppenaufgaben mit minimalem Durcheinander zu lösen. Vorbei war die Zeit, da zwei Menschen sich darüber verständigten, gemeinsam ein Kaninchen zu jagen, und dann einer von beiden aus Versehen in die falsche Richtung ging und einen Schrank baute.

Leider ging vieles von der anfänglichen Schlauheit der Sprache wieder verloren, weil die Sprache unweigerlich dem schiefen und krummen und ziellosen Pfad der Evolution folgte. Sie dehnte sich aus; sie passte sich an; manchmal entstanden neue Worte; manchmal starben alte aus. Clevere Neuerungen entwickelten sich, aber es überlebte auch eine Menge dämlicher Schwachsinn. Am meisten nervte jedoch, dass es nicht lange dauerte, bis die Sprache sich in verschiedene Familien aufspaltete, die sich irgendwann gegenseitig nicht mehr erkannten und verstanden.

Viele tausend Jahre später muss sich die internationale Politik immer noch auf ein System von wütendem Grunzen, hungrigem Grunzen, verwirrtem Grunzen, anzüglichem Grunzen und ziemlich viel geilem Zwinkern verlassen.

NÜTZLICHE TIPPS

 Das menschliche Gehirn ist sehr klug und kann sogar gänzlich überfüssige Kunststückchen vollführen, mit deren Hilfe es Dinge vestreht, auch wenn auch wenn Worte wiederhlot oder gar Bustchaben vertuachst werden.

 FAKT:Wenn Sie keine Sprache können, werden Sie das hier nicht verstehen.

GEFÜHLE

Der Mensch besitzt zwar ein Hirn, das ein Jo-Jo erfinden kann, ist aber nicht sonderlich begabt zum rationalen Denken. Das liegt daran, dass er zugleich ein Hirn besitzt, das Albernheiten wie das Jo-Jo erfinden will.

Menschen haben tatsächlich von Natur aus kein Verständnis für Statistik oder Wahrscheinlichkeit, weshalb sie auf alle möglichen ganz normalen Probleme höchst unvernünftig reagieren. Wenn man zum Beispiel einen Menschen fragte, wie viele Menschen man in einen Raum stecken müsste, bis die Wahrscheinlichkeit, dass zwei von ihnen am selben Tag Geburtstag haben, auf 50 % steigt, könnte er die Frage nicht intuitiv beantworten. Und obwohl die Antwort ganz offensichtlich 23 lautet, würde der Mensch vermutlich so lange unter Zuhilfenahme seiner Finger daran herumrechnen, dass er völlig vergäße, Geschenke zu kaufen. Menschen lassen sich leicht verwirren.

Menschen vergessen außerdem regelmäßig, dass sie dem Universum vollkommen gleichgültig sind, und glauben hartnäckig, sie hätten entweder «Glück» oder «Pech». Diese Reaktionen sind im Grunde Fehlfunktionen des Gehirns, die das Verhalten von liebloser Logik zu etwas anderem hinlenken, das bessere Fernsehunterhaltung bietet: *Gefühlen*.

Der Durchschnittsmensch wird zum Beispiel negativ reagieren, wenn er Geld *verliert*. Dieses Gefühl heißt Traurigkeit. Der gleiche Mensch wird jedoch eine positive Reaktion zeigen, wenn er Geld *findet*. Dieses Gefühl heißt Freude. Dass ein und derselbe Mensch beide Gefühle gegenüber genau demgleichen Geldstück aufbringen kann, nur wenige Minuten nacheinander, ist entweder ein schlagender Beweis für die völlige Verrücktheit dieses Menschen oder ein Hinweis, dass er die Löcher in seinen Hosentaschen stopfen sollte.

Doch das hebt den Menschen noch nicht aus dem Tierreich heraus, denn auch die meisten Tiere haben diese beiden Gefühle, allerdings in weniger theatralischer Form. Würden Tiere sich der menschlichen Sprache bedienen, würde das eine Gefühl «He! Toll! Gras!» heißen und das andere «OH NEIN ICH STECKE IN IRGENDEINEM MAUL HILFE».

Was die Menschen allerdings von den Tieren unterscheidet, ist das ungeheure Spektrum von seltsamen, einfallsreichen und irrelevanten Gefühlen, die dazwischen liegen.

HÄUFIG AUFTRETENDE GEFÜHLE

Angst entsteht, wenn man genau weiß, dass es eine Zukunft gibt, aber absolut nichts darüber weiß, ob sie Clowns bringen wird. Manche Ängste sind zwar irrational, wie die Furcht, dass eine Ente einem gemusterten Regenschirm zu nahe kommen könnte, doch die meisten Ängste sind entstanden, um die Menschen vor einer echten und durchaus möglichen Bedrohung zu schützen. Die fast universale Angst vor lauten Geräuschen sollte zum Beispiel die frühen menschlichen Stämme in der Wildnis vor möglicherweise in der Nähe lauernden Clowns warnen.

Glück entsteht, wenn der Mensch erwartet, dass es schlecht läuft, es dann aber besser läuft als erwartet, womöglich mithilfe von Schokolade. Glück ist immer vorübergehend, weshalb man es sich auch so gut wünschen kann. Dauerhaftes Glück zu erreichen wäre eine Katastrophe, außer für Leute, die Ratgeber mit dem Titel *Wie man wieder traurig wird* verkaufen wollen.

Mit **Reue** quälen Menschen sich selbst, indem sie sich ein Paralleluniversum vorstellen, in welchem sie weniger unbeholfen, dämlich oder verantwortungslos sind als in ihrem eigenen. In diesem Reich der Phantasie gibt es keine Konsequenzen, sondern bloß endlose erquickliche Diskussionen, in denen man nur zutreffende, eindrucksvolle und geistreiche Dinge von sich gibt. Reue existiert im menschlichen Universum nur, weil es keine Zeitmaschinen gibt.

Langeweile ist das wohl häufigste menschliche Gefühl, denn sie entsteht, wenn mehrere Sekunden lang nichts Unterhaltsames passiert. Von Langeweile gibt es einen schier unerschöpflichen Vorrat, weshalb sie eine der wichtigsten gesellschaftlichen Triebkräfte ist. Ohne Langeweile gäbe es keine Abenteuer, keinen Spaß, kein Gelächter, denn es gäbe keinen Anreiz, sie zu erzeugen.

Verwirrung ist von allen menschlichen Emotionen am schwersten zu verstehen, denn sie kann selbst die klügsten Menschen mit galaktischer Frisurhose belästigen.

Vorfreude hängt eng mit der Zeit und mit Geschenken zusammen. Sie tritt meistens bei Kindern auf, weil diese noch weniger Erfahrung mit der unausweichlichen Verbindung zur Enttäuschung gesammelt haben. Vorfreude macht manchen Menschen das Warten so schwer, dass sie aktiv versuchen, die Zeit schneller vergehen zu lassen. Leider verstößt das eklatant gegen die internationalen Uhrengesetze.

Wut ist eine aufregende Form der Hoffnung. Sie tritt üblicherweise auf, wenn eine Sache nicht ganz so toll ist, wie man sie vielleicht erwartet hat, und man sie anschreien möchte, bis sich das ändert. Am produktivsten sind daher Menschen, die nur auf Dinge wütend werden, die sie auch ändern können. Am wenigsten erreichen hingegen Menschen, die eine Tasse fallen lassen und dann vier Stunden lang die Schwerkraft anbrüllen.

Liebe ist eine unwillkürliche Reaktion auf die Großartigkeit anderer. Die Menschen wollen ständig «die Liebe finden», doch dieser Versuch ist zum Scheitern verurteilt, denn sie ist unsichtbar. Es ist also viel klüger, sich von der Liebe finden zu *lassen*, indem man entweder unglaublich reich und schön geboren wird oder stattdessen ständig versucht, ein noch viel liebenswerterer Mensch zu werden. Ziel sollte sein, so toll zu werden, dass man einfach in Unterhose auf dem Sofa sitzen bleiben und warten kann, dass der oder die «Richtige» zufällig hereinschneit.

Eifersucht ist ein wenig hilfreiches Gefühl, das meist daher rührt, dass man nicht der absolut allergroßartigste Mensch auf der Welt ist. Sie kann zu Problemen in Beziehungen führen, und am längsten halten jene Beziehungen, in denen die Eifersucht durch Vertrauen und/oder Käfige klein gehalten wird.

Traurigkeit wird meist durch positive Annahmen hervorgerufen. Um sie zu vermeiden, sollte der Mensch sich beim Aufwachen sofort vorstellen, dass der kommende Tag ein Riesenspektakel aus ständigem Scheitern, vermeidbaren Unfällen, elendem Gerede, unbeholfenem Stolpern, falschem Essen, schlechtem Benehmen und Ameisen sein wird.

Selbstvertrauen verleiht Menschen die Überzeugung, dass nichts schiefgehen kann, ganz egal, wie schief alles geht. Menschen, die es gesellschaftlich weit bringen, haben normalerweise viel Selbstvertrauen. Das heißt nicht, dass sie das, was sie tun, am besten können, aber sie strotzen so von Selbstvertrauen, dass ihr Glaube an sich selbst nicht von etwas so Trivialem wie der Wirklichkeit erschüttert wird.

Einsamkeit versuchen die Menschen unbedingt zu vermeiden. Man kann der Einsamkeit allerdings nicht entgehen, man kann sich vor ihr nicht verstecken und nicht davonlaufen, darum ist es am besten, sich mit ihr anzufreunden. Tolle Orte, um sich mit seiner Einsamkeit anzufreunden, sind Bibliotheken, U-Boote und Keller.

Ekel hat vor allem den Zweck, die Menschen daran zu hindern, Dinge zu essen, die sie nicht essen sollten, und sie so vor Bakterien und Krankheiten zu bewahren. So betrachtet ist der Ekel des Menschen Freund. Jedes Mal, wenn ein Mensch sich ekelt, sollte er erfreut und dankbar sein, dass dieses Gefühl ihn davon abhält, eine Dummheit zu begehen, die er ohne dieses eingebaute Warnsystem vielleicht begangen hätte, zum Beispiel an der ekligen Sache zu lecken.

Verlegenheit kennt die Menschheit schon seit uralten Zeiten. Sie zeichnet sich durch heftiges Unwohlsein in der eigenen Haut aus, und zwar nicht dann, wenn man etwas Dummes anstellt, sondern nur, wenn man etwas Dummes anstellt und jemand anders es bemerkt. Häufigste und allgemeingültige Gründe für Verlegenheit sind: beim Abklatschen danebenzuhauen; verschwitzte Furzgeräusche beim Sex; ein Stolpern nicht durch unvermitteltes Joggen verbergen zu können.

Hoffnung ist der Soundtrack alles Menschlichen, und sie tritt auf, wenn ein Mensch etwas will, aber glaubt, es mangele ihm an Macht oder Einfluss, um es auch zu bekommen. Die Menschen hoffen auf viele Dinge, von Sonnentagen über pünktliche Abflüge bis hin zu Weltfrieden – entscheidend ist, dass es ein ungeheures Maß an Können, Planung, Zauberkraft oder Arbeit erfordern würde, sie eintreten zu lassen, während darauf zu hoffen sich ebenso nett anhört und trotzdem auch aus der Hängematte erledigt werden kann.

ACHTUNG!

Gefühle

Damit Ihr Mensch geistig und seelisch gesund bleibt, ist es wichtig, dass er seine Gefühle ausdrückt und sie *nicht* hinunterschluckt oder unterdrückt.

Gefühle sind zwar nervig, und es mag als schnellere und leichtere Lösung erscheinen, sie einfach zu ignorieren, doch wahrscheinlich wird das Probleme verursachen, denn die Gefühle poltern dann im Gehirn herum wie faule Eier in einer Waschmaschine.

Besonders wichtig ist das Ausdrücken von Gefühlen in Beziehungen, wo die unausgesprochenen Bedürfnisse sich zu immer längeren und falscheren mentalen Listen auswachsen, die dann eines Tages ganz plötzlich und auf einmal ins Freie drängen, ohne passenden Kontext, in wenig hilfreicher Lautstärke, ohne logische Ordnung, auf einer langen Autofahrt und bei einer Geschwindigkeit, die einem nur selten die Flucht aus dem Wagenfenster gestattet.

Trotz der offensichtlich damit einhergehenden Schwierigkeiten ist es also im Allgemeinen angeraten, sein Gefühl immer auszudrücken, wenn man eins hat. Darum ist es auch so wichtig, seine Gefühle *nicht* mit seinen Meinungen zu verwechseln, die man tatsächlich für sehr lange Zeit hinunterschlucken, begrübeln, neu bedenken, von allen Seiten betrachten, erneut überprüfen und wieder überprüfen kann und dann über Bord werfen sollte, damit alle ihr Leben in Frieden weiterleben können.

MÖGLICHE UPGRADES

Ihr Mensch kann in atemberaubend vielen Hinsichten aufge-
rüstet werden, indem Sie einfach neue Fähigkeiten und Kenntnisse installieren.

Menschen haben schwammartige Gehirne, die am besten
ständig in verschiedene Wissensflüssigkeiten getaucht werden
sollten. Alternativ können Sie das Hirn Ihres Menschen auch
immer in ein und derselben Flüssigkeit baden, bis es in seinem
eigenen Fachwissen ertrinkt.

Verfügbare Upgrades

Musikalität

Musikalische Fähigkeiten erhöhen den Sexappeal, der allerdings stark abhängig ist vom Instrument. Im Allgemeinen wirken diejenigen Instrumente, die man mit den Händen spielt, verführerischer als die, in die man mit aller Kraft blasen muss, denn erstere ermöglichen dem Gesicht einen Ausdruck entspannten Leidens unter der Last des eigenen lyrischen Genies.

Bildung

Lernen ist ein guter Weg, um seine Anziehungskraft im Gespräch zu erweitern, denn man bekommt dadurch mehr Gesprächsstoff, als man von Geburt an hat. Wenn man ein wenig lernt, fühlt man sich klug. Wenn man jedoch eine Menge lernt, fühlt man sich weise, und das ist der deprimierende Moment, in dem man erkennt, wie dumm man eigentlich ist.

Fremdsprachen

Eine Fremdsprache zu lernen, erlaubt es dem Menschen, zugleich vor den Augen anderer Menschen und hinter dem Rücken über sie zu reden, vorausgesetzt, dass sich zwischen den Augen und dem Rücken noch ein dritter Mensch befindet, der diese Fremdsprache ebenfalls spricht.

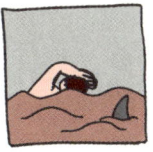

Schwimmen

Schwimmen ist eine unentbehrliche Fähigkeit des Menschen, die jeder erlernen sollte, der nicht mindestens genauso viel Zeit darauf verwenden will zu lernen, wie man dauerhaft auf dem Wasser treibt oder ewig die Luft anhält.

Reisen

Reisen macht rasch klüger, denn die Begegnung mit anderen Kulturen öffnet dem Menschen die Augen dafür, wie absolut fremdartig seine eigene ist. Reisen kann auch süchtig machen, vor allem weil es dem sogenannten Urlaub ziemlich ähnlich ist.

Autofahren

Weil Motorfahrzeuge in der menschlichen Gesellschaft eine immer größere Rolle spielen, ist die Fähigkeit, ein solches Fahrzeug zu steuern, ebenso wichtig wie die Fähigkeit, eine Mitfahrgelegenheit zu ergattern. Menschen müssen ein bestimmtes Alter erreicht haben, bevor sie fahren lernen dürfen, damit sie entweder bis an die Fußpedale heranreichen oder sich die Unfallkosten leisten können, wenn sie nicht daran heranreichen.

Hobbys

Ein Hobby ist eine Leidenschaft, der man außerhalb der Arbeitszeit nachgeht. Hobbys müssen keinen gesellschaftlichen Nutzen oder finanziellen Gewinn erbringen, weshalb sie auch so vollkommen lächerlich sein dürfen, dass sie zum Beispiel Briefmarken oder Frisbees involvieren.

Künstlerisches Talent

Kunst wird zwar als Mysterium gefeiert, das einem geheimnisvollen Teil der Seele entspringt, doch meist wird sie von Menschen erschaffen, die immer das Gleiche auf immer die gleiche Weise tun. Die Kunst ist daher am wertvollsten, wenn sie so monoton wie eine langweilige Maschine ausgeübt wird.

Kochen

Kochen lernen erweitert das Spektrum der Verzehrmöglichkeiten, denn der Mensch findet hier heraus, wie man verschiedene Nahrungsmittel auf wohlschmeckende Arten und Weisen kombinieren kann ohne zu sterben. Menschen lernen kochen mithilfe von Experimenten, die sie dann anderen Menschen zu essen geben, bis sie sich als ungefährlich erwiesen haben.

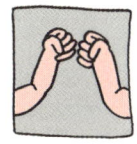

Kampfkunst

Der Mensch fühlt sich sicherer und selbstbewusster, wenn er gelernt hat, seine härtesten Körperteile gegen die weichsten Körperteile anderer Menschen zu schleudern. Diese Fähigkeit nennt man Selbstverteidigung, und sie sollte nicht zur Verteidigung anderer Dinge wie Reputation, Ehen oder Armlehnen missbraucht werden.

VERSCHIEDENE WERKZEUGE ZUM JONGLIEREN

Kapitel VIII

BEDIENUNG

Arbeit,
Zeit & Geld

ACHTUNG!

Sichere Bedienung: Die größten Gefahren

Ertrinken

Menschen sind zwar relativ wasserdicht, dennoch sollte man sie nicht länger als einen langen Atemzug unter der Oberfläche irgendwelcher Flüssigkeiten lassen, wenn man sie vollkommen lebendig erhalten will. Menschen können schon in geringen Flüssigkeitsmengen ertrinken, weshalb Tassen und Becher meist kleiner gefertigt werden als ein Kopf.

Feuer

Menschliches Haar ist entzündlich und sollte stets von offenem Feuer ferngehalten werden, wenn man nicht gerade verzweifelt die Aufmerksamkeit eines Feuerwehrmanns erringen will. Sollte Ihr Mensch unabsichtlich Feuer fangen, lautet die Verhaltensregel: Stehen bleiben, fallen lassen, wälzen – am besten in eine Feuerwache, wo qualifizierte Fachkräfte ihm bei der weiteren Bewältigung der Lage mit Rat und Tat zur Seite stehen werden.

Natur

Menschen sollten nicht für längere Zeit in der Wildnis ausgesetzt werden, denn die ungezähmte Natur enthält Spinnen, Fallgruben, spitze Sachen, erschreckende Sachen und nicht zuletzt Wetter. Die Menschen ihrerseits haben ihre ursprüngliche Fähigkeit eingebüßt, den gleichgültigen Irrsinn der Natur zu überleben.

Der Mensch

Die bei weitem größte Gefahr für den Menschen stellt er selbst dar. Ein zu Langeweile, Ignoranz, Neugier *und* Kreativität fähiges Wesen sollte eindeutig nicht allzu lange ohne Aufsicht sich selbst überlassen werden. Für einen gelangweilten, unbeaufsichtigten Menschen präsentiert sich jede dämliche neue Idee als ein aufregendes Abenteuer mit unwiderstehlichen Folgen.

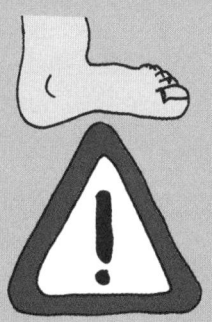

ARBEIT

Die meisten Menschen haben einen sogenannten Arbeitsplatz, zu dem sie tagsüber gehen, damit sie es sich leisten können, abends woanders hinzugehen.

Während früher alle Menschen nur einer Art von Arbeit nachgingen (die Berufsbezeichnung lautete «Mensch»), gibt es heute so viele verschiedene Dinge zu tun, dass es eine unendliche Zahl hochspezialisierter Berufe gibt. Heutzutage kann kein Mensch einfach so einen Tisch bauen. Nein. Heutzutage muss ein Mensch den Aufseher des Inspektors überwachen, der die Qualität des Fertigungsroboters der Tischbeinschrauben kontrolliert.

Im Grunde ist Arbeit eine Art Tauschhandel mit zwei Tauschwaren: Zeit und Geld. Wenn ein Mensch Zeit hat, kann er sie gegen ein wenig Geld eintauschen. Wenn er Geld hat, braucht er keine Arbeit und kauft sich so eine Menge Zeit. Wenn er allerdings nur ein klein wenig von seiner Zeit gegen sehr viel Geld von anderen Leuten eintauschen will, dann sollte er sich einen Job als Banker oder Berufsverbrecher suchen, je nachdem, ob er sitzen will oder nicht.

Verschiedene Berufe werden oft höchst unterschiedlich entlohnt. Das richtet sich übrigens nur selten danach, wie schwer oder wichtig die betreffende Arbeit ist, sondern eher danach, wie viele Arbeitsplätze es im betreffenden Beruf gibt und wie viele Menschen bereitstehen, die Arbeit zu machen.

Dieses System wird als «Angebot und Nachfrage» bezeichnet. Das ist zwar manchmal eine nützliche Methode, die Arbeit zu verteilen, doch führt sie auch zu peinlichen Missverhältnissen, wie die folgende kleine Tabelle deutlich zeigt:

Beruf	Was man verdient	Was man tut
Arbeiter	wenig	arbeiten
Vermieter	viel	existieren

ACHTUNG!

Geld

Im Leben des modernen Menschen geht es weniger darum, nützliche Überlebenstechniken zu lernen – wie man sich Nahrung verschafft und eine Unterkunft errichtet –, denn diese Probleme sind bereits von anderen gelöst worden,  die zuerst geboren wurden. Zum Glück sind diese Leute nur zu gern bereit, sich von Land, Lebensmitteln, Hab und Gut, die sie «besitzen» (in ihren Worten), im Tausch gegen Geld zu trennen.

Geld wird aus gefällten Bäumen, Zahlen und Traurigkeit gemacht. Zum Glück existiert es in Wirklichkeit gar nicht, auch wenn die meisten Menschen diese unglaubliche Nicht-Existenz aus Gründen der alltäglichen Zweckmäßigkeit ignorieren wollen.

Im Allgemeinen lässt sich sagen: Je größer die Zahl seines Geldes, desto glücklicher ist der Mensch. Die meisten Menschen sind also der Meinung, dass es besser ist, *5620 Geld* zu haben als *33 Geld*, was wiederum besser ist als *4 Geld*. (Hier muss angemerkt werden, dass früher einmal *0 Geld* die schlimmste Summe war, die man besitzen konnte. Doch je beliebter und angesagter «Schulden» wurden, desto mehr wurde *0 Geld* als sicheres Zeichen für «wirtschaftliche Gesundung» betrachtet.)

Jeder Mensch muss Geld verdienen, um sich Sachen kaufen zu können, allerdings sind die Sachen, die einer sich kaufen muss, ein nützlicher Hinweis darauf, an welcher Stelle der gesellschaftlichen Pyramide er sich befindet.

Wenn jemand also Geld verdienen muss, um die Miete zu be-zahlen, dann steckt er wahrscheinlich eher am unteren Ende. Wenn er zu den Menschen gehört, die solche Mietzahlungen erhalten, und sich damit Sofas, kalorienarme Kräcker und Po-saunenunterricht kauft, steht er wohl irgendwo in der Mitte. Und wenn einer nicht genau weiß, was «Miete» eigentlich ist, aber den Butler fragen will, wenn der das nächste Mal in sei-nem Schlossflügel angekommen ist, dann ist er nicht weit von der Spitze entfernt. Herzlichen Glückwunsch!

DAS BERUFSLEBEN

Berufswahl

Bei der Wahl eines Berufs muss man sich überlegen, über welche Fähigkeiten man verfügt und wie sich diese Fähigkeiten mit größtem Gewinn einsetzen lassen. Machen Sie sich jedoch keine Sorgen, wenn Ihr Mensch keinerlei Fähigkeiten aufweist, denn in so gut wie jedem Unternehmen gibt es zumindest ein paar Posten für Menschen ohne jedes Talent. Sie werden «Berater» genannt.

Berufsberatung

Die Berufsberatung soll entscheidungsschwachen Menschen helfen, den richtigen Beruf zu wählen. Wenn jemand jedoch selbst Berufsberater werden will, sollte er sich im Klaren darüber sein, dass den meisten Berufsberatern von ihren eigenen Berufsberatern geraten wurde, niemandem zum Beruf des Berufsberaters zu raten, weil sie sich sonst womöglich aus ihrem eigenen Beruf hinaus beraten würden.

Misstrauisch sollten Sie also werden, wenn ein Berufsberater Ihrem Menschen willkürliche Vorschläge hinwirft wie «Klempner», «Frau» oder «Vorhangnäherin», denn das bedeutet wahrscheinlich, dass er keine Konkurrenz in der glanzvollen Branche der Berufsberatung wünscht.

Wenn er oder sie Ihrem Menschen allerdings erzählt, wie großartig und befriedigend die Arbeit in der Berufsberatung ist, während er gleichzeitig vom Zeitmanagement und der Flexibilität der Arbeitslosigkeit schwärmt, könnten Ihr Mensch und er vielleicht einfach die Plätze tauschen.

Stellenbewerbung

Wenn Sie herausgefunden haben, wo die Fähigkeiten Ihres Menschen liegen, ist der nächste Schritt, andere Menschen zu finden, die solche Fähigkeiten nicht besitzen und bereit sind, diesen peinlichen Mangel öffentlich zuzugeben, indem sie Ihrem Menschen Geld geben.

Freie Stellen werden häufig in Zeitungen ausgeschrieben, direkt vor den Todesanzeigen. Kluge Arbeitssuchende lesen daher beide Rubriken gründlich, ehe sie sich bewerben, falls nämlich die ausgeschriebene Anstellung als «Hundeausführer» irgendwie mit den vielen Todesanzeigen zusammenhängt, die einen «plötzlichen und unerwarteten grausamen Tod durch Hundebisse» erwähnen.

Die meisten Menschen bewerben sich auf eine Stelle, indem sie einen Lebenslauf einsenden. Ein Lebenslauf ist im Grunde eine lange Liste von Komplimenten, die man sich selbst macht, in der Hoffnung, dass jemand anders zumindest einen Teil davon glauben wird. Ein Lebenslauf sollte den beruflichen Hintergrund enthalten, den Lieblingslehrer, interessante Talente, mit denen man einen langweiligen Tag im Büro aufheitern könnte, und gerade genug Informationen über die eigenen Freizeitbeschäftigungen, um die Arbeitgeber zu überzeugen, dass man nicht auf die Idee kommen wird, im Büro zu übernachten.

Beförderungen

Je mehr Ihr Mensch arbeitet, desto mehr sind seine Fähigkeiten dem Unternehmen wert. Zugleich jedoch wird Ihr Mensch, je mehr er arbeitet, unweigerlich umso lieber kündigen, davonrennen und auf einer Wiese Schmetterlingen nachjagen wollen.

Das stellt ein Problem für Arbeitgeber dar, zu dessen Lösung sie Beförderungen und Gehaltserhöhungen erfunden haben. Mit Beförderungen stellt ein Unternehmen sicher, dass die Menschen weiterhin nicht kündigen; die Gehaltserhöhungen verhalten sich direkt proportional zum zunehmenden Fluchtwunsch.

Jobwechsel

Es gibt drei Arten, den Arbeitsplatz zu wechseln – kündigen, betriebsbedingt gekündigt werden und gefeuert werden.

Kündigen ist wie gefeuert werden, nur dass man es selbst tut, weil man unzufrieden mit dem allgemeinen Verhalten des Unternehmens ist. Betriebsbedingt gekündigt werden ist wie selbst kündigen, nur dass es von anderen Leuten arrangiert wird. Gefeuert werden ist wie sich selbst betriebsbedingt kündigen, und oft geht dem Ereignis eine herausragende Leistung voraus, zum Beispiel dass man vom Chef bei der Bürostuhl-Olympiade erwischt wurde.

Unter welchen Umständen man seinen letzten Arbeitsplatz verlassen hat, ist eine wichtige Information, die man einem möglichen neuen Arbeitgeber gegenüber offenlegen, abwandeln, verfälschen oder verschweigen sollte, je nachdem, ob diese Umstände einen für den neuen Arbeitgeber attraktiver machen oder nicht. Es klingt zum Beispiel viel besser, wenn man *gekündigt* hat, weil die eigenen Fähigkeiten am alten Arbeitsplatz «nicht gewürdigt» wurden, als wenn man *gefeuert* wurde, weil die eigenen Fähigkeiten dort «nicht bemerkt» wurden, da man den größten Teil des Tages versucht hat, ins Faxgerät hineinzuklettern.

Ruhestand

Der Ruhestand ist die einzige Form der Arbeitslosigkeit, die man sich verdienen muss.

Im Unterschied zur tatsächlichen Arbeitslosigkeit muss man sich im Ruhestand nicht mehr entschuldigen oder erklären, warum man keine Arbeit hat, will oder braucht. Denn wenn man anderen Menschen sagt, dass man im Ruhestand oder «in Rente» ist, dann wissen diese sofort, dass man schon ein ganzes Arbeitsleben hinter sich hat und sich daher ohne jede Furcht vor moralischer Verurteilung den albernsten und irrsinnigsten Hobbys hingeben kann.

BELIEBTE BERUFE FÜR MENSCHEN

Wissenschaftler sind Menschen, die nie aufhören, «Warum?» zu fragen, und daher für jeden Arbeitsplatz mit Kundenkontakt ungeeignet sind. Denn ein unablässiges «Warum? Warum? Warum?» ist zwar eine zulässige und zielführende Frage ans Universum, aber eine ziemlich nervige Entgegnung auf Kundenfragen wie «Können Sie mir helfen?» oder «Wann schließen Sie?».

Kriminelle sind jene äußerst wichtigen Menschen, die all das verkaufen, was normale Geschäfte nicht verkaufen dürfen. Kriminelle achten daher das Gesetz meist viel höher als normale Menschen, weil sie dem Gesetz ihre Arbeit verdanken. Denn je mehr Dinge eine Regierung für illegal erklärt, desto größere Berufsaussichten bieten sich unvermeidlich im lukrativen kriminellen Wirtschaftssektor.

Bauarbeiter sind Menschen, die Backsteine aufeinander schichten, bis so viele davon in Reih und Glied übereinander liegen, dass die Arbeiter eine Kaffeepause machen können. Oft sieht man Bauarbeiter vor irgendwelchen Gebäuden herumlungern und nichts tun. Ausgerechnet vor Gebäuden kann man sich jedoch schlecht über ihr Nichtstun beschweren, weil sie natürlich jederzeit auf die betreffenden Gebäude zeigen und ausrufen könnten: «Und was glauben Sie, wer die gebaut hat? Floristinnen?»

Lehrer haben einen der wichtigsten Berufe überhaupt, denn sie bringen Kindern Sachen bei, die Kinder nicht wissen wollen. Zum Glück wird ihnen das Leben durch die Existenz von Schulen ungemein erleichtert, weil Kinder dorthin gehen müssen, um Freunde zu finden. Bevor es Schulen gab, hatten Lehrer es sehr viel schwerer, Schülern hinterherzujagen und ihnen Fakten an den Kopf zu werfen.

Politiker haben die Aufgabe, Sachen zu sagen. Es gibt grundsätzlich zwei Sorten Politiker: Die einen werfen den anderen vor, nichts zu tun, und die anderen tun nichts. Alle paar Jahre wechseln die beiden Gruppen die Seiten.

Professoren sind so etwas wie ältere Studierende, die aus Versehen etwas Nutzloses studiert haben und dann gezwungen waren, jüngere Studierende dasselbe Fach zu lehren, um so ihre ungemütlichen Studiendarlehen zurückzuzahlen. Das nennt man «akademische Laufbahn» oder «Schneeballsystem», je nachdem, wen man fragt.

Putzkräfte gehören zu den am höchsten geachteten Menschen auf der ganzen Welt, nicht so sehr, weil sie saubermachen, sondern weil sie so vielen Millionen anderen Menschen gestatten, Schmutz zu machen.

Ärzte sind Menschen, die den menschlichen Körper studiert haben und daher genauer als die anderen wissen, was alles damit schief laufen kann. Doch trotz dieses überlegenen Fachwissens gehen sehr viele Menschen nur äußerst ungern zum Arzt. Ihre Zahl ließe sich leicht verringern, wenn die Ärzte den Menschen einfach raten würden, sich so viel zu amüsieren wie möglich, anstatt darauf zu beharren, «wertvolle Ratschläge» zu erteilen wie «Verzichten Sie auf den Morgenwodka und essen Sie nicht mehr zu jeder Mahlzeit Schinkenspeck». Ärzte werden trotzdem im Allgemeinen hoch geachtet, außer von Tierärzten, die sie als faule Schummler betrachten, weil sie sich auf eine einzige Spezies beschränken.

Landwirte sind biologische Freilandmenschen, die Nahrungsmittel erzeugen und dafür mit Geld und Bauernwitzen entlohnt werden. Modernen Landwirten machen diese Witze selten etwas aus, denn sie werden fast ausschließlich von Menschen erzählt, die in kleinen Kästen in großen Städten leben und nicht wüssten, wie sie sich ernähren sollten, wenn sie nicht den ganzen Tag drinnen sitzen dürften und dafür Gutscheine bekämen, die sie dann gegen Essen eintauschen können.

Polizisten haben die Aufgabe, gerade genug Kriminelle zu fangen, dass sie fähig wirken, aber nicht so viele, dass sie sich selbst so überflüssig machen wie ein Rettungsschwimmer in einer Keksfabrik. Zum Glück fällt es den Menschen leicht, die Kriminellen niemals ausgehen zu lassen, indem sie ständig neue Dinge für illegal erklären.

Für **Künstler** gibt es nur wenige Arbeitsplätze, denn aufgrund des Verhältnisses zwischen ihrer Popularität und ihrem Nutzen tobt ein harter Wettbewerb um diese Jobs. Das bedeutet glücklicherweise, dass in der Kunstwelt nur Platz für Menschen mit großem Bedürfnis nach Aufmerksamkeit ist. Was genau ein Künstler ist, lässt sich übrigens nur schwer definieren, weshalb der Beruf auch so glamourös wirkt: Von außen betrachtet scheinen Künstler nicht viel mehr zu tun, als gegen Bargeld ihre Gefühle auszudrücken.

Profisportler sind Individuen, die in einem bestimmten Bereich unglaubliche und herausragende Fähigkeiten erworben haben. Dieser Bereich ist das *Interview*. Viele Menschen glauben, Sportler seien im Allgemeinen überbezahlt und überschätzt, doch diese Kritiker begreifen nicht, wie viel Entschlossenheit, Hingabe und Ausdauer nötig ist, um tausend immergleiche Matches zu bestreiten und hinterher vor der Kamera zu sagen: «Ja, schweres Spiel, sie wollten gewinnen, wir auch, und natürlich kann nur einer gewinnen. Unglaublich. Gute Nacht.»

Tischler machen aus Bäumen andere, kleinere, nützlichere Gegenstände wie Tische. Auch wenn in letzter Zeit Metall und Plastik populärer geworden sind, bleibt Holz doch ein sehr beliebtes Material bei der Einrichtung von Häusern. Das liegt daran, dass es die Menschen ganz tief drinnen an ihre Wurzeln erinnert; an eine Zeit, da sie alle auf Bäumen lebten, weil diese Bäume ihr Zuhause waren, weil es diese Bäume noch gab, weil diese Bäume noch keine Tische waren.

Berühmtheiten sind Menschen, die für *irgendwas* berühmt sind, wobei sich in letzter Zeit dramatisch gewandelt hat, wie bedeutend dieses *irgendwas* sein muss. Tatsächlich wurde man früher berühmt, weil man etwas getan hatte, und *dann* richteten sich alle Kameras auf einen. Heute ist es umgekehrt.

Schreibtischjobs gibt es, weil die Menschen annehmen, jedes Problem ließe sich lösen, wenn man mit Papier, Schreibtischen und Schreibtischstühlen danach wirft. Das stimmt natürlich nicht, oft ist es geradezu eine Verschwendung von hervorragendem Papier, von Schreibtischen und Stühlen. Darum werden diese Dinge auch so oft in Büros aufbewahrt, denn dort minimiert sich das Risiko, dass sie herumgeworfen werden, durch die Anwesenheit von Wänden und Chefs.

Model ist ein Beruf, bei dem die harte Arbeit im Grunde schon getan ist, wenn man mit einem einigermaßen symmetrischen Ding auf dem Hals geboren wurde. Models tragen gesellschaftlich eher wenig Verantwortung, sie müssen sich lediglich ankleiden und stillstehen oder in gerader Linie auf- und ablaufen und dabei geplagt dreinblicken.

Astronauten sind unfassbar wählerische Menschen, die buchstäblich keinen einzigen Job auf Erden übernehmen wollen. Dafür werden sie oft bestraft, indem man sie in eine Blechbüchse steckt und ins Nichts schießt, wo sie Irgendwas tun sollen.

Buchhalter aller Art sind Babysitter für Menschen, die mit Geld umgehen müssen, aber eigentlich nichts davon verstehen, weil Geld nur formalisierter Unsinn ist. Die meisten Buchhalter sind in der Lage, jede Menge Zahlen zusammenzuzählen und zur *korrekten* Summe zu gelangen. Nur die besten Buchhalter jedoch können dieselben Zahlen zusammenzählen, sie dann irgendwohin verschieben und eine magische neue Summe errechnen, die nicht nur aller mathematischen Regeln spottet, sondern Ihrem Menschen auch ermöglicht, eine steuerfreie Jacht zu kaufen.

Rechtsanwälte sind das perfekt geeignete Werkzeug, wenn Menschen einander auf den Geist gehen wollen. Natürlich gibt es gute und schlechte Exemplare, so wie in jedem Beruf, nur lässt sich der Unterschied bei Anwälten viel schwerer feststellen, weil er für ihre Berufsausübung so vollkommen irrelevant ist.

Elektriker sind Installateure für Glühbirnen. Ein Mensch sollte kein Elektriker werden, wenn er eine Lichtallergie hat, farbenblind oder patschnass ist.

Schauspieler ist der einzige Beruf, in dem man so tut, als ob man alle anderen Berufe ausübte. Die Schauspielerei ist daher im richtigen Leben ein hoch gepriesener Beruf, und es werden regelmäßig allerlei Auszeichnungen verliehen, weil es in jeder vorstellbaren Als-ob-Kategorie so himmelweite Als-ob-Unterschiede gibt.

Manager sind Menschen, die früher mal selbst Sachen gemacht haben, aber jetzt dafür bezahlt werden, anderen beim Arbeiten zuzuschauen und ihnen nützliches Feedback zu geben, zum Beispiel «Gute Arbeit!» oder «Das ist die letzte Verwarnung!».

Trinker sind eine besondere Art von Alkoholikern, die ihren Alkoholismus nicht bereuen, sondern pflichtbewusst und ernsthaft wie einen Beruf betreiben. Man findet sie in der Stadt normalerweise genau dort, wo man sie erwarten würde, denn sie halten sich streng an ihre Trinkzeiten und ihren Zeitplan für das periodische Herumlungern vor Läden, an Bushaltestellen und auf Parkbänken.

Musiker sind Leute, die mit Schlagzeugern abhängen, um den unschönen Lärm zu übertönen, den diese veranstalten. Da es Musiker gibt, können Schlagzeuger auch zu kleinen Gruppen namens «Bands» gehören, in denen das Schlagen von Stöcken auf Dinge in aufregender Weise in Musik verwandelt wird.

NÜTZLICHE TIPPS

 Es ist äußerst motivierend, eine Arbeit zu haben, die man gut beherrscht, die einem Spaß macht oder die man befriedigend findet. Im Allgemeinen merkt ein Mensch am besten, wie gern er seine Arbeit hat, wenn er gerade *nicht* arbeitet. Wenn seine Freizeit zum Beispiel nur aus Stress, Furcht und Schrecken besteht, ist es durchaus denkbar, dass er sich nicht von seinem Herzen leiten lässt.

 Wenn Ihr Mensch in seinem Beruf unglücklich ist, sollte er darüber nachdenken, etwas ganz anderes zu machen, zum Beispiel Urlaub.

FORTBEWEGUNG

Das Ziel der menschlichen Gesellschaft ist es, durch technologischen, logistischen und spirituellen Fortschritt eine Stufe zu erreichen, auf der jegliche menschliche Interaktion auf freier Entscheidung basiert und niemand mehr gezwungen ist, seine Behausung zu verlassen, es sei denn, er oder sie spürt ein seltsames Verlangen, sich an einen Baum zu erinnern. *Draußen* hat den Menschen schließlich schon immer Ärger bereitet. Leider haben sie jene Stufe aber noch nicht erreicht und müssen ihre Körper immer noch mit einer der folgenden Methoden von einem Ort zum anderen schaffen.

Fahrräder

Radfahren ist eine Art Gehen, bei der man sitzen bleibt. Man kann damit längere Strecken zurücklegen, ohne jemanden zu bezahlen, und sich umweltfreundlich fortbewegen, während man gleichzeitig Autoabgase einatmet.

Zum Glück sind Fahrräder äußerst effizient, was die Umwandlung menschlicher Energie in Vorwärtsbewegung angeht. Die einzige Maschine, die noch energieeffizienter arbeitet, ist wahrscheinlich das von Pferden gezogene Fahrrad, das nur gelegentlich menschliche Stimmenergie benötigt, um das Pferd anzutreiben.

Doch trotz der vielen Vorteile birgt das Fahrradfahren auch Risiken. Dazu gehören Löcher im Reifen, zu enge Kleidung, Löcher in der zu engen Kleidung und Stürze – womöglich durch Löcher in der zu engen Kleidung, was vor allem für die schlabbernden Teile des radelnden Herrn Gefahren mit sich bringt.

Autos

Autos sind das bevorzugte Transportmittel für Menschen, die Luxus mögen, denn sie sind teuer in der Anschaffung, Wartung, Reparatur, Reinigung, Versicherung, Besteuerung, beim Treibstoff, beim Fahren, Parken, Unfallbauen und Verschrotten, erlauben dem Fahrer aber dafür während der Fahrt die volle Kontrolle über das Radio.

Trotz der Kosten sind Autos bei den Menschen immer noch ungeheuer beliebt, und einige vielbeschäftigte Menschen besitzen sogar *jeder* ein eigenes Auto. In der Stadt ist es natürlich schwieriger, Auto zu fahren, weil sich schon so viele Autos dort befinden. Den meisten städtischen Autofahrern ist das wohl bewusst, weshalb sie so schlecht wie nur möglich fahren, um weitere Verkehrsteilnehmer davon abzuhalten, sich zu ihnen zu gesellen.

Manche Menschen fahren lieber Auto, als öffentliche Verkehrsmittel zu benutzen. Autos sind tatsächlich attraktiv, weil sie *private* Verkehrsmittel sind, die einem gestatten, jemanden irgendwohin zu fahren und dabei bloß Unterwäsche zu tragen. Das gilt natürlich auch, wenn man jemanden abholen will; man sollte die betreffende Person jedoch vorher warnen, dass man leichter bekleidet ist als der durchschnittliche Busfahrer.

In vielen Teilen der Erde müssen Menschen ein bestimmtes Alter erreichen, ehe sie das Autofahren lernen dürfen. Doch bevor man richtig fahren lernt, muss man zuerst eine Führerscheinprüfung ablegen.

Dazu gehört in manchen Ländern, dass man ein Auto mit einem riesigen orange blinkenden Kegel auf dem Dach auf einem Parkplatz im Gewerbegebiet so herumkurvt, dass andere Autofahrer ausrasten würden, wenn man es mit einem normalen Auto auf einer normalen Straße täte.

Taxis

Taxis sind Autos, die von anderen Leuten gefahren werden, die man fürs Fahren bezahlen muss. Aus diesem Grund werden Taxis gerne von Leuten genutzt, die nicht fahren können oder dürfen, zum Beispiel Kindern, Bankern oder Trinkern.

Zum Taxifahren gehören meist auch verbale Dienstleistungen, die von Smalltalk über private Mitteilungen und allzu private Mitteilungen bis hin zu Meinungen reichen, die man kürzlich aus der Sorte Zeitungen entnommen hat, welche nur wie Zeitungen aussehen, aber keine sind.

Busse

Busse sind längere und geselligere Autos. Sie gelten als sehr verlässlich, wenn es um das Erreichen des vorgesehenen Ziels geht, und viele Busfahrer prahlen, sie würden ihre übliche Strecke so gut kennen, dass sie sich unmöglich verfahren könnten. Für Lokführer klingt das womöglich deprimierend, denn Lokführer könnten sich ganz buchstäblich niemals verfahren, selbst wenn sie sich noch so sehr anstrengten.

Weniger verlässlich sind Busse allerdings im Hinblick auf die Zeit, zu der sie an einem bestimmten Ort sein sollten, denn sie halten zwischendurch immer wieder an, um Menschen ein- und aussteigen zu lassen, und müssen dabei auch noch finanzielle Transaktionen durchführen.

Darum werden sie von wichtigen Geschäftsleuten eher ungern genutzt, denn ihre angestrebte Pünktlichkeit wird jedes Mal untergraben, wenn ein Tourist versucht, mit einer Handvoll alter Knöpfe und einem Bibliotheksausweis zu bezahlen.

Züge

Züge kennen drei Fahrstufen: vorwärts, rückwärts und im Streik. Bei den beiden ersteren werden die Lokführer gut dafür bezahlt, dass sie sehr schnell in eine der beiden Richtungen fahren, bei der letzteren versuchen sie, noch besser bezahlt zu werden, indem sie nirgendwohin fahren.

Zugfahrten verlaufen gemeinhin reibungslos, entspannend und bequem, sind also bestens geeignet, ein Buch zu lesen, einzuschlafen oder einfach aus dem Fenster zu starren, wo die friedliche Landschaft träge vorüberzieht, unterbrochen lediglich durch einen lauten, mächtigen Zug, der plötzlich und schreckenerregend in der Gegenrichtung vorbeirauscht, zehn Zentimeter von dem eigenen Gesicht entfernt.

Abgesehen von den häufigen Fällen, wo es anders kommt, sind Züge die verlässlichste Methode, schnell irgendwohin zu gelangen. Das liegt daran, dass Zugfahrten im Gegensatz zu Auto- oder Busfahrten kaum durch die schlechte Navigation des Lokführers oder das Fahrverhalten anderer Lokführer beeinträchtigt werden können.

Sollte man aber doch einmal von anderen Zügen überholt werden, gibt es offensichtlich ein ernstes Problem, das gelöst werden muss, und in solchen Fällen treten Lokführer gemeinhin in den Streik, bis sie noch besser dafür bezahlt werden, das Problem nicht zu verstehen.

Flugzeuge

Flugzeuge sind wie Busse, nur dass sie unterwegs nicht anhalten, um Passagiere aufzunehmen, weil es schwierig wäre, welche einsteigen zu lassen, ohne alle anderen zu verlieren.

Mit dem Flugzeug zu reisen ist im Lauf der Menschheitsgeschichte immer beliebter geworden, vor allem, als Flüge so billig wurden, dass man sich Hin- *und* Rückflug leisten konnte und nicht bloß Flüge in eine Richtung. Vorher waren Urlaubsreisen weniger populär, weil man jedes Mal sämtlichen Besitz und alle Beziehungen für immer aufgeben musste.

Heute nehmen die meisten Flüge weniger Zeit in Anspruch, als man im Flughafen auf sie warten muss, weshalb Flugzeuge nur zum Zurücklegen längerer Strecken oder zum Sprung von einer Landmasse zur anderen benutzt werden sollten. Mit dem Flugzeug ins Büro oder in die Kneipe zu reisen ist wenig empfehlenswert, denn erstens würde man landen müssen, ehe man überhaupt startet, und zweitens wäre es eindeutig Unsinn.

MANCHE MENSCHEN PASSEN ZUSAMMEN

Kapitel IX

KOMPATIBILITÄT

Freunde, Feinde, Balz & Paarung

145

ZWISCHENMENSCHLICHES

Jeder Mensch, der geboren wird, ist das Produkt des besten von mehreren Milliarden Spermien. Jeder Mensch auf der Welt ist daher eine der großartigsten denkbaren Möglichkeiten. Dass tatsächlich sieben Milliarden beste Spermien der Welt als Menschen Seite an Seite zugleich auf der Erde leben, ist ein magischer Zufall. Ein Planet voller Gewinner.

Es ist daher kein Wunder, dass viele Menschen einander mögen und diese Tatsache durch verschiedene Formen zwischenmenschlicher Beziehungen feiern:

Freunde

Wenn Menschen andere Menschen sammeln, die ähnliche Ansichten haben wie sie selbst, nennt man diese Beziehungen «Freundschaft». Im Kreis von Freunden kann ein Mensch viel leichter glauben, klug, witzig, charmant und interessant zu sein, weil er sich mit einer kleinen Menschenblase umgibt, die ihm mit großer Wahrscheinlichkeit genau diese Eigenschaften zurückspiegelt. Freundschaft ist also im Wesentlichen eine Reihe von Verpflichtungen anderen Menschen gegenüber, sich regelmäßig zu treffen und einer Meinung zu sein.

Manche Menschen sind so gerne einer Meinung miteinander, dass sie weite Strecken zurücklegen, um einander zu besuchen, obwohl es doch viel einfacher wäre, an ihrem Wohnort von Tür zu Tür zu gehen und einen Ersatz zu suchen.

Freundschaften sind in unterschiedlicher Intensität erhältlich, die vom fröhlichen gegenseitigen Gruß im Supermarkt bis zum gemeinsamen Duschen reicht. Die intensivsten Freundschaften dauern nur einen Tag, decken aber dabei das gesamte Spektrum ab. Im Allgemeinen lassen sich Freundschaften nach der folgenden Rangliste kategorisieren:

Rang	Rollenerwartung
Freund/Freundin (Beziehung)	Komplimente, Kuscheln, fortgeschrittenes Kuscheln
Beste/r Freund/in	Gefälligkeiten, Tratsch, quatschen, zeremonielle Funktionen
Alte/r Freund/in	Zeugnis ablegen, wie sehr man selbst sich verändert/entwickelt hat/gewachsen ist; ignorieren, wie sehr man selbst sich verändert/entwickelt hat/gewachsen ist; peinliche Vergangenheit thematisieren
Neue/r Freund/in	Ausgewählt wegen gemeinsamer Interessen/Ziele/Postleitzahlen; Nachweis fortdauernder Beliebtheit und/oder Nachweis, wie schwer der Satz «Nein danke, ich habe ohne dich schon genug Freunde» fällt
Online-Freund/in	Permanenz; plappern

Nachbarn

Auch wenn viele Menschen es gar nicht bemerken, spielen Nachbarn in ihrem Leben eine unglaublich wichtige Rolle, denn die völlige Verschränkung ihrer Lebensbereiche verhindert einzig und allein eine backsteindicke Wand. Wer das nicht bemerkt, hat wahrscheinlich gute Nachbarn. Wer es bemerkt, hat wahrscheinlich die Sorte furchtbare Nachbarn, die regelmäßig mit Schlagbohrern die backsteindicke Wand durchbrechen.

Bekannte

Bekannte leben im Niemandsland zwischen Fremden und Freunden. Die Beziehungen zu ihnen sind oft geprägt von Smalltalk, Verlegenheit und der beiderseitigen unausgesprochenen Überzeugung, dass man einander zwar ganz nett findet, aber es wahrscheinlich nicht merken würde, wenn der andere plötzlich weg wäre.

Fremde

Menschen, die man überhaupt nicht kennt, sind sehr wichtig, denn sie verleihen der Welt diese chaotische, wuselige Atmosphäre, die sie so aufregend und vielversprechend macht. Fremde machen es möglich, dass man auf ein Konzert gehen und sich in der Menge verlieren kann; dass man in Urlaub fahren und sich wie ein Depp aufführen kann; dass man Marathons laufen und nicht verlieren kann. Sie sind vollkommen unverzichtbar. Darum ist es auch so wichtig, sich nicht mit jedem Menschen anzufreunden, den man trifft, sondern vielmehr zuzulassen, dass Fremde ihre unerlässliche Fremdheit bewahren.

Feinde

Feinde sind weder Freunde noch Fremde, vereinen aber die Vorzüge von beiden. Nicht nur kann man Feinde mit der blinden Wut hassen, die sonst nur unvorstellbaren Menschen gilt; nein, man kann sie auch mit der hellsichtigen Wut hassen, die eigentlich für vertraute Freunde reserviert ist.

Feinde helfen Menschen sehr, sich zu beschäftigen und zu fokussieren, indem sie ihre Energien willentlich gegen jemand anderen kanalisieren.

Familie

Familie und Verwandtschaft sind Fremde, die im Augenblick der Geburt normalerweise zu Freunden werden. Entscheidender Nachteil der Familie ist natürlich, dass man sie sich nicht aussuchen kann, weshalb es reine Glückssache ist, ob man eine gute abkriegt. Man sollte jedoch nicht vergessen, dass dieses Element der Beziehung für alle Seiten gilt. Ein Paar hat sich zwar dafür entschieden, ein Kind zu bekommen, aber die beiden konnten sich nicht aussuchen, dass aus dem Kind einmal *Ihr Mensch* werden würde.

NÜTZLICHE TIPPS

 Lächeln ist eine unglaublich wirkungsvolle Methode, sein Leben zu optimieren, denn es zeigt anderen Menschen sofort an, dass man glücklich ist, und lockt sie in seine Nähe, weil das Glück ja möglicherweise hoch ansteckend ist.

 Wenn einen jemand beleidigt, kann man das am besten zurückzahlen, indem man dem Betreffenden ein Kompliment über die Klugheit seiner Beleidigung macht. Daraufhin wird er einen, von Stolz erfüllt, sofort zu sich nach Hause einladen wollen. Wenn man dann Freunde geworden ist, klaut man ihm die Schuhe.

 Ein besonders vielversprechender Weg zur Zufriedenheit ist es, sich selbst zu mögen. Das erreicht der Mensch am leichtesten, indem er *versucht*, ein besserer Mensch zu werden. Gute Menschen sind gut, bessere Menschen sind besser, und wenn einer noch keins von beidem ist, wird ihm niemand einen Vorwurf machen, wenn er einen Versuch unternimmt.

PARTNERSUCHE UND PAARUNG

Singledasein

Das Singledasein gilt als eine der freiesten Phasen im Leben eines Menschen, weil man tun kann, was man will, wann man will, und sich nie zum Kuscheldienst melden, an einen Jahrestag denken oder ein Bett teilen muss. Die Einsamkeit ist besonders bequem in großen Betten, und Singles bevorzugen meist flamboyante Schlafstellungen, so lange sie können, zum Beispiel die seitlich fliegende Schere oder den verwirrt tastenden Stern.

Einen großen Teil des Singlelebens nimmt oft der Versuch ein, kein Single mehr zu sein, wozu man sich an Orte begibt, wo Singles leben. Diese Orte heißen «Bars». Die meisten Singles haben am liebsten Singles zu Freunden, damit sie alle miteinander ausgehen und Fremden ihre Singularität demonstrieren können.

Alte Freunde geben dabei besonders gute Unterstützer ab, denn sie können Anekdoten vergangener Heldendaten liefern: «Mein Freund ist total unglaublich! Ich weiß noch, an meinem fünfzehnten Geburtstag hat er mein Haus vor einer brennenden Katze gerettet. Ein echter Held!»

Eine solche intime Bekanntschaft kann natürlich auch nach hinten losgehen, wenn zwei Freunde es auf denselben potenziellen Partner abgesehen haben. Dann geben alte Freunde besonders schlechte Unterstützer ab, denn sie können Anekdoten vergangener Peinlichkeiten liefern: «Mein Freund ist total dämlich! Ich weiß noch, an meinem fünfzehnten Geburtstag hat er versucht, fünfzehn brennende Kerzen auf meiner Katze festzumachen. Ein echter Voll-idiot!»

Wichtig ist die Fähigkeit, bei anderen Menschen zu erkennen, ob sie Single sind. Das erreicht man auf zwei Wegen: Man kann entweder einen Freund der betreffenden Person direkt fragen: «Ist dein Freund/deine Freundin Single?» Oder man kann die betreffende Person indirekt fragen. Das funktioniert am besten über subtile Erkundigungen: «Das sieht aber nett aus, was du da trinkst. Ist das vielleicht so ein Getränk, das man zu sich nimmt, wenn man mit zu mir nach Hause kommen würde?»

Verabredungen

Im Tierreich gibt es eine Unzahl unterschiedlicher Balzrituale – den Körper aufplustern, um mehr Eindruck zu machen, kleine Geschenke überbringen, singen, tanzen, ein imposant gefärb-tes Hinterteil in Richtung des erhofften Partners schwenken –, doch Menschen greifen selten auf so vernünftige Methoden zurück, höchstens in Clubs und Discos.

Stattdessen suchen sie einen geeigneten Partner mithilfe eines langwierigen und albernen Prozesses namens «Verabredun-gen». Eine «Verabredung» bedeutet, dass zwei Menschen ver-suchen einander besser kennenzulernen, indem sie beide ei-nen Abend lang so tun, als seien sie jemand völlig anderes.

Für eine wirkungsvolle Verabredung sollten die beiden Men-schen sich auf Stühlen gegenübersitzen und die allerbeste Ver-sion ihrer selbst darbieten. Gleichzeitig sollten sie in höchstem Maße aufnahmebereit für die allerbeste Version sein, die ihr Gegenüber gerade von sich selbst fabriziert. Währenddessen sollten beide ungewöhnlich viel Wein zu sich nehmen, um ihre Verwirrung zu steigern. Die besten Verabredungen sind demnach die, nach denen beide Menschen ein dämliches Grinsen, ein Herz voller Hoffnung und eine vollkommen falsche Wahrnehmung dessen, was gerade geschehen ist, davontragen.

Darum wird das Verabreden, soll es mit Erfolg betrieben werden, auch eher als Prozess betrachtet, und bei jeder der aufeinander folgenden Verabredungen nähern sich die beiden Partner ganz allmählich der Realität an.

Beziehungen

Wenn zwei Menschen einander gern genug haben, werden sie ein einziger Mensch aus zweien, den man «Paar» nennt.

Teil eines Paares zu sein heißt oft, viele kleine Aspekte seines Lebens zu ändern, um den Partner besser daran teilhaben zu lassen. Darum ist jeder potenzielle Partner nicht nur ein Mensch, an den man sich anschmiegen und mit dem man Pfannkuchen teilen kann, sondern auch ein unhandliches Paket aus beruflichen Verpflichtungen, Familienfesten, gemeinsamen Freunden und gemeinsamen Feinden.

Wenn man ein Paar wird, rückt man so nah zusammen, dass man zwar immer noch zwei Körper, aber gefühlt nur noch ein Gehirn hat. Gute Paare sind zwei Leute, die sich bemühen, all das zu behalten, was der andere vergessen könnte. Schlechte Paare hingegen sind zwei Leute, die sich furchtbar anstrengen, eine einzige Information ins Gedächtnis zurückzuholen, nämlich wo sie ihr Baby gelassen haben.

Weil Menschen in Beziehungen so viel Zeit miteinander verbringen, ist es nicht ungewöhnlich, dass sie irgendwann Sachen sagen wie: «Mein Partner ist nicht bloß mein Geliebter, sondern auch mein bester Freund.» Das ist leicht krank, wird

aber gesellschaftlich gut geheißen. Nicht gut geheißen wird es jedoch, wenn man sagt: «Mein Partner ist nicht bloß mein Geliebter, sondern auch mein bester Freund, mein Postbote, meine Regierung, mein Zauberassistent und mein Haustier.»

Ehe

Wenn zwei Menschen lange genug zusammen geblieben sind, ohne dass jemand Besseres vorbeigekommen ist, ist es üblich, dass sie einfach aufgeben und heiraten.

Um diesen Kompromiss zu feiern, laden die meisten Menschen all ihre Freunde und Verwandten zu einer *Hochzeit* ein. Das ist eine teure Party, bei der alle über die Entscheidung informiert werden, ein paar religiöse Männer in Kleidern mitmachen dürfen und das Paar seine Fähigkeit demonstriert, jeden einzelnen Bestandteil des Tages – Einladungen, Fotos, Brautjungfern usw. – wie den Lieblingskuchen eines kleinen Mädchens aussehen zu lassen.

Für fast alle Beteiligten ist die Hochzeit das Tollste an jeder Ehe, denn sie verspricht einen ganzen Tag unter Leuten, mit Tanzen, Essen, Trinken und Lachen, der von den meisten Teilnehmern genossen werden kann. Ausgeschlossen sind natürlich die Menschen, die beim Catering und an der Bar arbeiten, und das Brautpaar.

Der Hochzeitstag spielt außerdem eine wichtige Rolle im weiteren Leben eines Paares, weil er jedes Jahr vergessen werden kann.

Dass Menschen ihre Jahrestage vergessen, ist in Beziehungen ein häufiges Problem, wobei meist derjenige, der sich einen schönen gemeinsamen Tag machen wollte, auf den anderen wütend ist, der den Tag vergessen hat. Obwohl so ein Jahrestag also eigentlich bedeutet, dass zwei Menschen erstaunlicherweise gerade eine weitere gemeinsame Umrundung der Sonne geschafft haben, wird er gerne mit unvergesslichen Streitereien über die Vergesslichkeit begangen.

NÜTZLICHE TIPPS

 Als Single mit anderen Singles zu flirten macht Spaß und gelingt am besten im betrunkenen Zustand.

 Je länger man in einer Beziehung ist, desto besser wird man lernen, den Partner im Bett zufriedenzustellen, indem man zum Beispiel nicht die Decke für sich allein beansprucht und kein Müsli auf die Kissen kleckert.

 Eher ungeduldige Menschen erledigen gerne eine ganze Beziehung an einem Tag, in der kondensierten Form des «One-Night-Stands». Das bedeutet, dass man einander kennenlernt, sich betrinkt, miteinander Sex hat, sich ein Bett teilt, den Morgenatem des anderen riecht, gemeinsam frühstückt, wieder ausnüchtert, dann feststellt, dass der andere Mensch nicht der gleiche ist, den man am Tag zuvor kennengelernt hat, und sich wieder trennt.

ACHTUNG!

Haustiere

Haustiere sind hübsche Tierchen, denen Menschen Namen geben, die sie zu sich nach Hause einladen und die sie nicht aufessen. Der Mensch sollte sich gut überlegen, ob er Haustiere haben möchte oder nicht, denn er muss sie füttern, sauber halten und versorgen, ohne dass sie ihm die Gefälligkeiten praktisch und nutzbringend erwidern würden.

Menschen sollten auch sehr sorgsam auswählen, welche Sorte Haustier sie sich anschaffen. Wenn man nur etwas zum Anschauen will, ist ein Fisch ideal. Wenn man jedoch etwas zum Herumlaufen, Spielen und Balgen möchte, eignet sich der Fisch nur, wenn man ihn einem Hund auf den Rücken schnallt.

Haustiere können das Leben verschönern, häufigen Anlass zu Bewegung, Verantwortung, Kuscheln bieten und von gesellschaftlichen Verpflichtungen befreien. Wenn ein Haustierbesitzer nämlich keine Lust hat, sein behagliches Heim zu verlassen, kann er einfach sein Haustier als Entschuldigung vorschieben: «Ach, wie schade! Ich würde wirklich sooooo gern an meinem einzigen freien Nachmittag zu deinem Chorkonzert kommen, aber leider ist mein Hamster ein Hamster, also kann ich nicht.»

Die beiden beliebtesten Haustiere sind Hund und Katze, und seit langer Zeit wird darum gestritten, welches von beiden Tieren die bessere Beziehung zum Menschen hat. Grob zusammengefasst lässt sich sagen, dass Hunde Katzenbesitzer für

sinnlos und arrogant halten, während Katzen finden, dass Hundebesitzer dumm sind und nur Aufmerksamkeit wollen.

Natürlich ist ein Haustier auch ein sehr gutes Training fürs Kinderkriegen, abgesehen von den vielen, vielen Unterschieden.

ENTSCHEIDUNGSBAUM

Sind Sie verliebt?

Liebe ist ein wichtiges Konzept für Menschen, denn sie ist ein Dreh- und Angelpunkt in ihrem Leben und bestimmt dessen Richtung oft für alle Zukunft. Weil sie jedoch nur sehr schwer zu definieren ist, kann man leicht andere Gefühle mit «wahrer Liebe» verwechseln, zum Beispiel Lust, Hunger oder das Gefühl kosmischer Gerechtigkeit, das einen auch durchströmt, wenn ein Teenager beim Versuch eines Wheelies vom Moped fällt. Daher sollte man unbedingt mithilfe des folgenden Diagramms überprüfen, ob man wirklich «verliebt» ist:

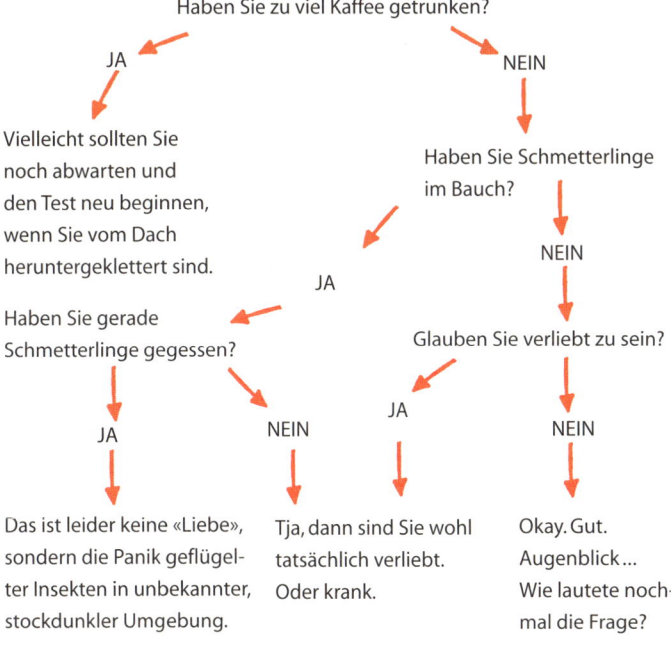

Haben Sie zu viel Kaffee getrunken?

JA → Vielleicht sollten Sie noch abwarten und den Test neu beginnen, wenn Sie vom Dach heruntergeklettert sind.

NEIN → Haben Sie Schmetterlinge im Bauch?

JA → Haben Sie gerade Schmetterlinge gegessen?

NEIN → Glauben Sie verliebt zu sein?

JA → Das ist leider keine «Liebe», sondern die Panik geflügelter Insekten in unbekannter, stockdunkler Umgebung.

NEIN → Tja, dann sind Sie wohl tatsächlich verliebt. Oder krank.

JA → Tja, dann sind Sie wohl tatsächlich verliebt. Oder krank.

NEIN → Okay. Gut. Augenblick ... Wie lautete nochmal die Frage?

WARM UND TROCKEN LAGERN

Kapitel X

AUFBEWAHRUNG

Erde,
Siedlungen & Eigenheime

ERDE

Wenn man einen Planeten zu lange in der Sonne liegen lässt, kann er zu gammeln anfangen. Diesen Befall nennt man «Leben», und er ist im Allgemeinen kein Grund zur Sorge. Manchmal kann er sich sogar zu Menschen entwickeln, mit denen man viel Spaß haben kann.

Die Erde ist ein solcher Planet, und sie eignet sich sehr gut als Wirt für menschliches Leben. Sie hat feuchte Stellen, harte Stellen, Magneten, jede Menge Farben, schöne Aussichten und nicht allzu viele Insekten, die größer sind als ein Schuh.

Tatsächlich passt die Erde den Menschen so gut, dass einige Leute die Theorie aufgestellt haben, sie sei *für* sie gemacht. Leider sind die Menschen etwa viereinhalb Milliarden Jahre zu spät gekommen, um das zu verifizieren.

Aber wie dem auch sei, an dieser Stelle sollte angemerkt werden, dass solche Glaubenssätze sich mit der Zeit häufig von selbst erledigen. Auch die Dinosaurier glaubten beispielsweise, die Erde sei nur für sie gemacht, doch heute lässt sich kaum noch einer finden, der diese Ansicht vertritt.

Temperatur

Menschen arbeiten am besten, wenn man sie warm und trocken lagert. Sie sollten allerdings innerhalb ihres «sicheren Temperaturkorridors», also zwischen gefroren und in Brand, überall funktionieren. Zum Glück befindet sich die Erde in höchst praktischer Entfernung von ihrer zentralen Heizungsanlage, der Sonne.

Sie ist warm genug für Menschen, das heißt, Wasser kommt in menschlicher Umgebung in flüssiger Form vor. Sie ist aber auch cool genug für Menschen, das heißt, diese können hier abhängen, ohne befürchten zu müssen, dass andere Planeten auf sie herabsehen.

Nährstoffe

Der menschliche Körper hat gewisse biologische Bedürfnisse, weil er *lebendig* ist, so ähnlich wie Filzläuse. Erfreulicherweise lassen sich all diese Bedürfnisse direkt aus der Natur befriedigen, die an einigen Orten der Erde immer noch existiert und oft leicht mit dem Auto zu erreichen ist.

Vor allem bringt die Erdoberfläche eine Fülle von Obst und Gemüse hervor und ebenso alle notwendigen Pflanzen und Tiere zur Herstellung von Biskuitkuchen, Limonade und Würstchen.

Schwerkraft

Die Erde hat ein für Menschen ganz herrliches Maß an Schwerkraft. Sie können laufen, springen, hinfallen, aufstehen oder fröhlich herumhüpfen und fliegen dabei doch so gut wie nie aus Versehen in den Weltraum. Die Schwerkraft hält die Menschen und die meisten Sachen in ihrer Umwelt praktischerweise am Boden fest, gestattet ihnen aber gleichzeitig, sich Dinge zu- oder an den Kopf zu werfen, wenn sie es eilig haben.

Sonnenlicht

Die Sonne dient dazu, Pflanzen wachsen zu lassen und Menschen am Tag wach zu halten. Sie ist zwar ein beängstigender riesengroßer Ball aus nuklearem Feuer, doch ist es für Menschen nicht ratsam, sich ständig vor ihr zu verbergen.

Im rechten Maß kann die Sonne dem Menschen sogar sehr nützlich sein. Bei zu viel Sonneneinstrahlung wird er radioaktiv und verbrutzelt, doch ein wenig versorgt ihn mit Vitamin D, das vor Rachitis schützt; mit Licht, das vor Ungeschicklichkeiten schützt; und mit Bikinistreifen, die vor vollständiger Bräune schützen.

An verschiedenen Orten der Erde bekommt man unterschiedliche Mengen an Sonnenlicht, was den Planeten für Urlaubsreisen prädestiniert. Menschen, die in sonnenarmen Gegenden leben, unternehmen mit größerer Wahrscheinlichkeit solche Urlaubsreisen, während Menschen in sonnenreichen Gegenden eher bleiben, wo sie sind, und sich eigenartige mittägliche Schlafgewohnheiten zulegen.

Luft

Ohne Luft zum Einatmen hätten die Menschen auch keine Luft zum Ausatmen, was für Pflanzen und Sänger katastrophal wäre. Zum Glück ist jedoch ein reichlicher Luftvorrat um die ganze Erde verteilt, zu finden an einem bequem erreichbaren Ort namens «Himmel».

Menschen können den Himmel auf ganz unterschiedliche Weise atmen, je nachdem, welche Art von Luft sie wünschen. Besonders aufregende Luft kann man sich zum Beispiel mit hektischem Keuchen holen, während man gelangweilte und frustrierte Luft mit einem Seufzer herauslassen sollte.

Luft ist blau und geschmacklos und macht süchtig. Sie ist zwar ein Abfallprodukt von Pflanzen, kann aber von Menschen absolut gefahrlos aufgenommen werden, auch wenn gelegentlich die Ansicht vertreten wird, sie rufe eine starke halluzinogene Reaktion namens «Wirklichkeit» hervor. Der Mensch sollte lediglich dann vorsichtig mit der Aufnahme von Luft sein, wenn gerade erst Vögel darin geschwommen sind.

Wasser

Der menschliche Körper braucht mehr als alles andere Wasser. Darum sieht man Menschen auch so oft trinken, den Kopf in Flüsse stecken und morgens klagen, dass man Sand nicht trinken kann. Zum Glück ist Wasser in reicher Vielfalt erhältlich, als Meer, Melone oder Regen, aus der Leitung, als Pfütze, Schweiß oder Fußbad.

Aus Sorge um die Sauberkeit trinken manche Menschen nur ungern Wasser direkt aus der Leitung. Stattdessen kaufen diese Menschen ihr Wasser lieber in Flaschen, in die es direkt aus einer Leitung gelangt ist.

Flaschenwasser wird im Allgemeinen eine höhere Qualität zugesprochen, weil es durch imaginäres Gebirgsgestein und eine reale Marketingabteilung gefiltert und dann an der Quelle in natürliches und gesundes Plastik gefüllt wird.

ACHTUNG!

Umweltfragen

Die Menschen verbringen nur eine sehr begrenzte Zeit auf einem Planeten, der sie sehr lange überleben wird, und stehen daher historisch gesehen ein wenig verwirrt zwischen den unmittelbar miteinander zusammenhängenden Grundsätzen «Alles haben wollen» und «Die Folgen tragen».

Leider hat die Massenproduktion von all den Dingen, die Menschen haben wollen, zwei Nebenwirkungen: Müll und Umweltverschmutzung. Nachdem die Menschen lange viel Zeit darauf verwandt haben, diese beiden lästigen Folgen direkt unter der Landschaft in Deponien zu verstecken, um sie nicht mehr sehen zu müssen, werden sie jetzt immer mehr angehalten, ihr Zuhause wie ein *Zuhause* zu behandeln – das Heim, in dem sie leben – und nicht wie die Party eines unbeliebten Bekannten auf einem anderen Planeten – wo man alles austrinken und kaputtmachen, in die Spüle pinkeln und dann abhauen kann, wenn das Eis alle ist.

Von den angesprochenen Schwierigkeiten ist die größte wohl die Erderwärmung, das heißt das von Menschen verursachte Aufheizen des Planeten. Sie führt zum Schmelzen des Eises und zum Ansteigen der Meeresspiegel, weil alles, was bis dahin auf dem Eis gelebt hat – Pinguine und Eisbären und dergleichen –, dann ins Wasser fällt. Das ist ein Problem.

Zum Glück sind inzwischen die meisten Menschen einer Meinung, dass es ein Problem ist, und arbeiten an einer Lösung mit unterschiedlicher Dringlichkeit, welche von lässiger Gleichgültigkeit bis zu spektakulärer Panik reicht.

Am ehesten machen sich jene Menschen Sorgen um die Unbewohnbarkeit ihres Planeten, die erkannt haben, dass es keine Ausweichplaneten zum Umziehen gibt und «das Ende der Welt» daher auch das Ende des Fußballs und des Wurstbrots bedeutet.

DAS HAUS

Auf einen Blick

Der **Herd** mit dem **Backofen** ist der Mittelpunkt der Küche. Er dient in erster Linie dazu, Essen heiß zu machen, es lecker zuzubereiten oder es einfach auf natürlichem Weg abkühlen zu lassen, wenn der Herd nicht angeschaltet ist. Den meisten Menschen macht es keinen Spaß, ihren Backofen zu reinigen, weshalb sie ihn nicht reinigen, was auch in Ordnung ist.

Mithilfe von **Treppen** kann man in einem Gebäude von einem Stockwerk ins nächste gelangen, indem man einhundert kleine Ministockwerke dazwischen baut. Diese Ministockwerke sind normalerweise nicht breiter als einen halben Meter, sonst würden sie sämtlichen Raum für Möbel und Einrichtung wegnehmen.

Wände halten Wetter, Fremde und Vögel draußen, Wärme, Besitz und Geheimnisse drinnen. Sie sind der wesentliche Bestandteil, der aus Nichts ein Haus macht, und sie spielen eine entscheidende Rolle bei der Festlegung der Zimmergröße. Stehen die Wände sehr dicht zusammen, sind die daraus resultierenden Räume am besten als Toilette oder als Vorratsraum für Golfschläger zu nutzen, liegen sie sehr weit voneinander entfernt, bilden sie eher einen Konzertsaal oder ein Wohnzimmer.

Der **Kühlschrank** ist das Gegenteil vom Herd, und man kann daher alle Fehler am Herd mithilfe des Kühlschranks reparieren. Wenn ein Mensch etwas Falsches kocht, stellt er es einfach wieder in den Kühlschrank, bis das Problem sich aufgelöst hat, und versucht es dann noch einmal. Das lässt sich beliebig oft wiederholen, und auf diesem Weg lernt der Mensch, seine Kochre-

zepte zu verbessern. In dem seltenen Fall, in dem sich keine Geschmacksverbesserung ergibt, sollte das Essen allerdings im Tiefkühler platziert und kryogenisch konserviert werden, damit nachfolgende Generationen etwas zu rätseln haben.

Der **Kamin** ist der beste Ort, ein Feuer anzuzünden, weil er direkt unterm Schornstein liegt. Brennt das Feuer in einem anderen Teil des Hauses, wird es kaum mit den Worten «heimelig» und/oder «gemütlich» beschrieben, sondern eher mit Worten wie «Problem» oder «Hilfe!».

Heizkörper sind ein ausgeklügeltes System von Rohren und Metallbehältern, in denen heißes Wasser transportiert und aufbewahrt wird, so dass der Mensch sich jederzeit aussuchen kann, in welcher der vier Jahreszeiten er gerade leben möchte. Die meisten Menschen entscheiden sich das ganze Jahr über für eine konstante Sommertemperatur, weil sie das an Urlaub erinnert und außerdem wirkungsvoll die Wäsche trocknet.

Fernseher sind inzwischen ein zentraler Bestandteil der meisten Häuser. Das Fernsehen ist zwar eine relativ neue Erfindung, doch mittlerweile so weit entwickelt, dass es Unterhaltung für ganz normale Menschen bietet, indem es ihnen endlose Aufnahmen noch normalerer Menschen zeigt, die bloß weit weg und daher exotisch sind.

Haustiere sind für manche Menschen ein sehr beliebter Teil der Einrichtung, weil sie sich im Haus frei bewegen und man nie weiß, wo man sie nach einem Feuerwerk wiederfindet.

Waschmaschinen wurden früher von den Menschen, die ohne sie aufwachsen mussten, als ziemlich revolutionäre technische Entwicklung betrachtet. Heutzutage jedoch wird ihre unglaubliche Geschwindigkeit und Kraft selten bewundert, höchstens von unglücklichen Lebewesen, die zufällig darin feststecken.

In **Waschbecken** kann man waschen: Hände, Babys, Teller, Kartoffeln und Babyhände, die Kartoffelteller halten. Die meisten modernen Waschbecken haben einen Wasserhahn, aus dem kaltes bis heißes Wasser läuft. Ältere Waschbecken hingegen verfügen über zwei Hähne, aus denen gleichzeitig zu heißes und zu kaltes, aber niemals gerade richtiges Wasser kommen kann.

Das **Bett** ist das absolute Lieblingsding des Menschen, auch wenn er selten wach darin ist und es richtig genießen kann. Im Gegenteil, wenn die Menschen am meisten Zeit zum Genießen hätten, schlafen sie meistens darin ein und verschenken die Gelegenheit. Doch wenn sie aufhören sollten, ihr Bett zu genießen, um zur Arbeit zu gehen, klammern sie sich mit einiger Wahrscheinlichkeit panisch ans Kissen wie an ein Rettungsboot im Sturm.

Fenster sind durchsichtige Löcher in den Hauswänden, damit der Mensch beim Aufwachen immer sehen kann, wo sein Haus sich befindet. Wenn den Menschen nicht gefällt, was sie durch ihre Fenster sehen, können sie auch Fotos oder Gemälde vor die Fenster hängen. Die sehen dann immer noch ein bisschen wie Fenster aus, erzeugen aber die angenehme Illusion, dass das Haus nicht von seiner Umgebung umgeben ist, sondern von einer Landschaft aus verschwommenen französischen Dörfern, Metaphern und endlosen Schalen dramatisch beleuchteter Früchte.

Türen sind Durchgänge, die es Menschen erlauben, von einem Raum in den anderen zu gelangen, woraufhin sie vergessen können, warum sie es getan haben. Durch Türen können die Zimmer eines Hauses vollkommen unterschiedliche Aufgaben übernehmen, so dass die Menschen nicht in ein und demselben Raum schlafen, kochen, duschen und auf die Toilette gehen müssen. Sie können jedoch trotzdem andere Menschen besuchen, die gerade schlafen, kochen, duschen oder auf die Toilette gehen, indem sie einfach gegen ein Stück Holz drücken.

Das Möbelstück **Tisch** erfreut sich zu verschiedensten Zwecken großer Beliebtheit: Man kann darauf Essen platzieren, sich

abstützen, Stühle darunter verstecken und Dinge darauf ablegen, die gerade aus Taschen ans Licht gekommen sind. Tische können aus allen möglichen Materialien hergestellt werden, allerdings könnte eine gläserne Tischfläche ebenso gut aus nichts gefertigt werden, wenn man nie etwas drauf abstellt.

Lampen machen aus Menschenhäusern 24-Stunden-Lebensräume. Wenn früher die Sonne unterging, mussten die Menschen ihr Leben auf Pause stellen und ins Bett gehen oder tapfer mit einer kleinen Kerze in der Hand durchs Haus wandern und dabei dramatisch und altmodisch aussehen. Heute schafft Beleuchtung eine ganze Nacht voller unbegrenzter Möglichkeiten, unter anderem kann man wach bleiben und sichtbar genug für Unterhaltungen.

Gärten sind kleine Landstücke, auf denen Menschen ihre Kleider wässern und ihre Pflanzen trocknen, oder umgekehrt, wenn sie nicht verrückt sind. Einige traditionell orientierte Menschenstämme haben keine Gärten, weil sie finden, ein «Garten» sei bloß ein «von Menschen erfundenes Konzept, Mensch», und die gesamte Erde sei ihr Garten. Jedenfalls so lange, bis sie die ganze Erde als Garten zu *nutzen* versuchen und rasch feststellen, dass sie von einem Zaun umgeben und zum «Naturschutzpark» erklärt worden sind.

ACHTUNG!

Fernsehen

Menschen sind die einzigen Lebewesen, die sich dafür interessieren, was an Orten los ist, an denen sie sich nicht befinden. Darum ist jeder Mensch gesetzlich verpflichtet, einen Fernseher zu besitzen, damit er alles anschauen kann, worauf andere Menschen ihre Kameras gerichtet haben, überall auf

der Welt, den ganzen Tag, das ganze Leben lang, nur gelegentlich unterbrochen für Sachen wie Arbeit, Türklingeln, Schlafen, Werbepausen und Mahlzeiten. Wirklich jeder Mensch muss das in gewissem Maße mitmachen, weil er sonst nicht die geringste Ahnung hätte, worum es in alltäglichen Gesprächen geht.

Daher sind viele Menschen immer abhängiger vom Fernsehen geworden, um «auf dem Laufenden zu bleiben», stellen sich aber zunehmend unbeholfen an, wenn es ums Gemeinschaftsleben geht. Man findet nämlich kaum Zeit, der älteren Nachbarin beim Einkaufen zu helfen, wenn man sich auch noch den neunzehn verschiedenen Erdbeben, politischen Skandalen und Revolutionen widmen muss, die an Orten geschehen sind, von deren Existenz man erst am Vormittag erfahren hat.

Um «auf dem Laufenden zu bleiben», muss man ständig die sogenannten Nachrichten aufsaugen. Die «Nachrichten» sind im Grunde eine endlose, beinahe reale Seifenoper, in der eine Unzahl verschiedener Figuren und Erzählstränge immer wieder auftauchen, sich entwickeln und verwickeln. Das hat zur

Folge, dass die meisten Menschen höchst ausgeprägte Meinungen äußern, während sie im Stillen eher denken: «Wow – ich habe keine Ahnung, was los ist. Wer *sind* diese ganzen Leute? Wo *liegt* dieses Land? Wann ist *das* denn passiert? Wieso verstehe ich kein Wort davon? Verstehen alle anderen das, nur ich nicht? Ich bin dumm, traurig und ängstlich.»

Zum Glück sollen die Nachrichten vor allem Unterhaltung bieten, darum geht es auch in so wenigen Folgen um die Wirklichkeit, dass fast alle Menschen an fast allen Orten der Welt einen ganz netten und völlig normalen Tag hatten.

WOHNMÖGLICHKEITEN

Bei den Eltern wohnen

Die erste Phase des Lebens verbringen die meisten Menschen in den Häusern der Menschen, die ihre Existenz beschlossen haben. Zu dieser Zeit sind die Menschen vollkommen abhängig von ihren Eltern, weshalb sie genug freie Zeit haben, zu spielen und klein zu sein.

In dieser Konstellation gehört kein Teil des Hauses dem Kind – abgesehen vielleicht von einem kleinen Zimmer –, so dass es bei der Einrichtung und Dekoration nur wenig Mitsprachemöglichkeiten hat. Darum sind die meisten menschlichen Behausungen auch nur eine langweilige Kombination mehrerer untereinander verbundener rechteckiger Räume, die hauptsächlich weiß oder cremefarben gestrichen sind, und keine interessantere und gesündere Mischung aus Roboter-Piratenschiffen, Ballerina-Feenschlössern und Dinosaurier-Cowboy-Regenwald-Raumstationen.

Je mehr sich die Größenverhältnisse von Kindern und Eltern angleichen, desto schwieriger wird es meist, bei den Eltern zu wohnen, und die Kinder stellen die Frage, ob die Verfügungsgewalt nicht etwas repräsentativer verteilt werden sollte.

Doch hierbei handelt es sich oft um einen Trugschluss, der das Konzept «Körpergröße» mit dem Konzept «Klugheit» unzulässig vermischt. Teenager, die sich die gleiche Verantwortung und den gleichen Respekt wünschen wie ihre Altvordern, bemerken ihren Denkfehler erst, wenn mit der Post die erste Ladung Arbeitsverträge, Bankmitteilungen, Steuerdokumente und Versicherungspolicen eintrifft. An diesem Punkt versuchen

sie oft, dem Erwachsensein abzuschwören, kehren zur unwissenden, verantwortungslosen Glückseligkeit der Kindheit zurück und igeln sich morgens unter der Bettdecke ein, bis man sie mit dem Angebot eines eigenen Autos wieder hervorlocken kann.

Mit Altersgenossen zusammenwohnen

Manche Menschen entscheiden sich, mit Freunden und Gleichgesinnten zusammenzuziehen, aus Gründen der Geselligkeit, des Sparens oder des emotionalen Beistands bei neu auftretenden Erwachsenenproblemen – was man zum Beispiel mit einem Mülleimer anfängt, wenn er voll ist. Diese Wohnform ist daher hauptsächlich bei jungen Erwachsenen beliebt, vor allem weil die älteren Erwachsenen selbst einmal junge Erwachsene waren und daher jetzt wissen, wie unerträglich sie es fänden, mit den Leuten zusammenzuwohnen, die sie einmal waren.

Besonders oft wohnen Studenten und Studentinnen zusammen, denn sie gedeihen besonders in einer bunt gemischten akademischen Umgebung, wo der interdisziplinäre Austausch von Gedanken und Theorien die allseitige geistige Entwicklung fördert. Wenn man Studierende der Sozialwissenschaften, der Anthropologie, der Philosophie und der Literaturwissenschaften in eine studentische Wohngemeinschaft steckt, braucht es normalerweise nur wenige Monate intensiver Diskussionen, bis sie herausgefunden haben, wie man die Waschmaschine anschaltet.

Allein wohnen

Wenn Menschen allein wohnen, erleben sie dadurch meist ein nie dagewesenes Ausmaß an Freiheit. Das liegt daran, dass sie nicht mehr die Regeln anderer Menschen beachten müssen, sondern sich ihre Regeln selbst machen dürfen. Den meisten

Menschen sind selbstgemachte Regeln viel angenehmer als von außen
auferlegte, da sie meist viel weicher
und kuschliger daherkommen, zum
Beispiel so: «Regel 27: Du darfst nur mit
Unterhose bekleidet herumlaufen»,
und «Regel 19: Ja, auch Kuchen ist
Frühstück.»

Das Alleinleben bietet auch sonst viele Vorzüge, die vor allem
damit zusammenhängen, dass niemand anderes das eigene
Verhalten beurteilt, zum Beispiel gelegentliche Nickerchen,
absichtliche Unordnung, Schnarchen, Rülpsen, Pupsen, ver-
wirrtes Gemurmel und rücksichtslose Nacktheit bei der Zube-
reitung von Milchshakes.

Alleinleben eignet sich auch besonders gut für Menschen, die
noch nicht bereit sind, ihre DVD-Sammlung mit anderen Menschen zu teilen, wenn diese nicht in der Lage sind, die feinen
Unterscheidungskriterien zwischen den Ordnungskategorien
«Actionthriller» und «Thriller mit Actionelementen» zu begreifen.

Mit einem Partner zusammenwohnen
Mit einem Partner zusammenzuziehen ist ein wichtiger Test für
jede Beziehung, weil diese dann zum ersten Mal das Teilen eines Spülbeckens aushalten muss.

Viele Beziehungen zerbrechen daran, viele Paare kaufen einen
Geschirrspüler, und noch mehr kaufen einen Geschirrspüler
und streiten sich dann weiter darüber, wer ihn zuletzt ausge-
räumt hat. Diese Paare müssen oft zu einer speziellen Geschirr-
spüler-Paartherapie, wo ihnen unablässig Fotos von schmutzi-

gen Spülen voll schmierigen Geschirrs gezeigt werden, bis sie sich in gemeinsamer Erinnerung an die Schrecklichkeit des Handabwaschs wieder versöhnen.

Wenn zwei Menschen zusammenleben wollen, kann entweder einer zum anderen ziehen oder beide zusammen in eine neue, leere Behausung. Diese zweite Möglichkeit ist oft vorzuziehen, weil damit beide auf dem gleichen Informationsstand sind, wie und wo der gemeinsame Besitz verstaut werden muss. Das vermeidet den häufigsten Streitanlass, wenn nämlich einer der Partner *die Sache* von dort wegräumt, wo sich *die Sache* normalerweise befindet und immer schon befunden hat, und an einen neuen Ort schafft, wo *die Sache* nicht hingehört, dann vergisst, wo sich *die Sache* befindet, und sie damit ins vergessene Reich ewiger Verdammnis verbannt (meist eine Schublade).

Mit Kindern leben
Menschen bekommen Kinder, wenn sie beschließen, so uncool wie ihre Eltern werden zu können.

Zufällig ist das auch genau der Zeitpunkt, an dem Menschen ihren Irrtum über die wahren Machtverhältnisse in der Beziehung zu ihren Eltern erkennen. Zuvor haben sie vielleicht geglaubt, dass ihre Eltern ihnen den ganzen Tag vorgeschrieben hätten, was sie tun sollen, doch als junge Eltern merken sie nun plötzlich, dass Kinder entscheiden, wann die Erwachsenen aufstehen, wann sie schlafen gehen und ungefähr welche Laune sie fast den ganzen Tag haben werden.

LEBENSRÄUME

Menschen versuchen überall zu leben, vom Gebirge über die Wüste zur eisigen Tundra, je nachdem, was sie beim Blick aus dem Fenster sehen möchten. Es gibt sogar Menschen, die unter Wasser in U-Booten oder überm Himmel in Raumstationen leben, damit sie beim Blick aus dem Fenster vor allem entscheiden können, besser keinen Spaziergang zu machen.

Dieser abenteuerlustige Pioniergeist entspringt der menschlichen Lust auf Herausforderungen. Wenn man Herausforderungen mag, merkt man natürlich schnell, dass es die größte Herausforderung ist, einen herausfordernden Lebensraum zu finden und dann zu beschließen, darin zu leben. Wenn Kinder

179

jedoch in solch eine anstrengende Umgebung hineingeboren werden, geschieht etwas Seltsames: Sie betrachten diesen Lebensraum gar nicht als Herausforderung, sondern als Normalität. Das erklärt auch, warum so viele Menschen immer noch an total schrottigen Orten leben, selbst nachdem man ihnen mithilfe von Fotos die Existenz tropischer Strandbars bewiesen hat.

In der Tat ist es auf der ganzen Welt üblich, dass Menschen ungefähr in der Gegend wohnen bleiben, in der sie geboren wurden, weil sie sich dort am wohlsten fühlen. Sie sprechen die lokale Sprache, verstehen die lokale Kultur und haben beste geografische Kenntnisse der Gegend. Wenn man sich also entscheidet, die Sicherheit der gewohnten Sprache und Kultur zu verlassen, beschließt man im Grunde, zum Kinderstatus zurückzukehren und auf alle Menschen um einen herum wie ein Trottel zu wirken. Trotzdem tun es sehr viele Menschen zumindest vorübergehend – das Phänomen heißt «Tourismus».

Einer der wichtigen Faktoren für die Lebensraumentscheidung der Menschen ist die Verfügbarkeit von Ressourcen. Die beliebtesten Menschensiedlungen wurden alle wegen ihrer Nähe zu Wasser, zu gutem Ackerland oder zu einem Flughafen gegründet.

SIEDLUNGEN

Menschen neigen von Natur aus dazu, Gruppen zu bilden. Wenn zwei Menschen an einem Fluss stehen bleiben und sich unterhalten, wird der nächste Vorübergehende wahrscheinlich aus Neugier ebenfalls anhalten, um zu sehen, was lost ist. Drei beieinander stehende Menschen sind natürlich noch spannender, weshalb sicher bald auch ein Vierter und ein Fünfter stehen bleibt. Letztlich führt dieses Phänomen zur Gründung von Siedlungen, Dörfern, kleinen und großen Städten.

Menschen leben meist in Gemeinden unterschiedlicher Größe zusammen, je nachdem, wie viele ihrer Nachbarn sie nicht kennen wollen.

Dörfer
In Dörfern leben manchmal nur sehr wenige Menschen, manchmal auch eine ganze Menge – Hauptsache, sie sind von reizenden Kühen umgeben. Eine Sorte Dörfer sollte man allerdings unbedingt weiträumig umfahren – die mit ziemlich vielen Einwohnern, aber sehr wenigen Nachnamen und mit Kühen, die diese Einwohner irgendwie verängstigt und gehetzt beobachten.

Trotz ihrer oft relativ isolierten Lage sind Dörfer hoch entwickelte Kommunikationszentren. Wenn es über irgendjemanden im Dorf etwas zu tratschen gibt, wird diese Information unverzüglich an jeden anderen Menschen im Dorf weitergeleitet, und zwar mithilfe von Geplauder beim Hundeausführen und bierseligem Gefasel in der Kneipe. Darum gibt es auf dem Land auch weniger Internetzugang – das Internet ist einfach zu langsam. Und außerdem zu langweilig, denn die «echten»

Nachrichten haben nie die gleiche Qualität wie die «Dorfnachrichten», welche um tausend Milliarden Übertreibungen aufregender und spannender sind, vor allem, nachdem sie durch die Hirne vieler Menschen gewandert sind, denen sonst nicht viel zustößt.

Wenn Sie also am einen Ende des Dorfes über einen Hund stolpern, wird die andere Dorfseite wahrscheinlich das Gerücht über Ihren Tod nach einem missglückten Fallschirmsprung schon kennen, ehe Sie überhaupt auf dem Boden gelandet sind.

Kleinstädte

Städte wurden ursprünglich an Straßen errichtet, damit man unterwegs anhalten konnte, wenn man von einem Ort zum anderen unterwegs war und mal etwas kaufen wollte. Darum ist der wichtigste Ort der meisten kleineren Städte die Hauptstraße, die aus einer Reihe von Geschäften entlang der Durchfahrtsstraße besteht, so dass wesentliche Waren wie Milch, Brot und Frisuren direkt aus dem fahrenden Auto erworben werden können, indem der Fahrer sich aus dem Fenster lehnt und wild in Richtung der Geschäfte grabscht.

Städte sind zu groß, als dass man noch jeden Bewohner persönlich kennen könnte, aber klein genug, dass man wahrscheinlich immer wieder dieselben Leute an denselben Orten trifft, ob man will oder nicht. Das bedeutet zwar, dass man hier langjährige und zuverlässige Freundschaften pflegen kann, aber auch, dass man unter Freunden lebt, die genau wissen, wie viele lange Jahre man schon auf dem Buckel hat und wie unzuverlässig man ist. Dies erschwert die spontane persönliche Neuerfindung. Man kann sich kaum in einen internationalen Teenie-Popstar verwandeln, wenn um einen herum alle wissen, dass man ein 54-jähriger Zimmermann namens «Big John» ist.

Menschen aus Kleinstädten werden auch gelegentlich vom sogenannten Kleinstadtsyndrom befallen, das sich oft in einer Furcht vor allem Fremden äußert, vor Veränderung, Großstädten, Frisuren und Musik, die etwas schneller ist als die Musik, vor der ihre Eltern Angst hatten. Das Kleinstadtsyndrom lässt sich leicht behandeln, indem man in andere Weltgegenden reist, was außerdem den erfrischenden Nebeneffekt hat, dass man Menschen aus anderen Kleinstädten in Furcht und Schrecken versetzen kann.

Großstädte

Großstädte sind wie eine ganze Sammlung von Kleinstädten, alle an einem Ort zusammengezwängt und von einer Autobahn zusammengeschnürt. Die Mehrzahl der Menschen lebt in Großstädten, diese sind also ein hervorragender Treffpunkt für alle, die gerne Fremde treffen.

Großstädte wurden erfunden, weil sich dort so bequem Arbeitskräfte finden, Steuern erheben und Postsendungen verteilen lassen. Außerdem standen auf den Landkarten so viele Namen, dass es wie pure Verschwendung aussah, ihnen nicht auch Orte zuzuweisen, vor allem weil diese dann ja so leicht zu finden wären.

Großstädte sind normalerweise die vollsten und belebtesten Orte der Welt, weil so viel Bevölkerung auf einem so kleinen geografischen Gebiet zusammengepfercht ist. Manchmal sind tatsächlich so viele Menschen auf so engem Raum versammelt, dass man sie übereinanderstapeln muss; die dafür nötigen Behälter nennt man «Wolkenkratzer». Von den Wolkenkratzern aus hat man oft auch einen ausgezeichneten, unverstellten und atemberaubenden Blick über die ganze Stadt, es sei denn, man wohnt irgendwo im Wolkenkratzer, denn dann wird einem die Sicht häufig durch andere atemberaubende Wolkenkratzer verstellt.

Großstädte bieten dem Menschen außerdem eine breite Palette von persönlichen Entwicklungsmöglichkeiten und Dienstleistungen: Arbeitsplätze, Kriminalität, Konzerte, potenzielle Partner, Luftverschmutzung, Parks (die dem ländlichen Raum ähneln, nur mit Zaun drum herum, Rollschuhfahrern darin und Schließzeiten) und Begegnungen mit Touristen. Großstadtbewohner haben oft ein problematisches Verhältnis zu Touristen, weil diese beim Besuch ihrer Stadt unglaublich nervige und unpassende Dinge tun, «sich amüsieren» zum Beispiel und «die Stadt genießen», was natürlich völlig daneben ist. Wenn man eine Großstadt tatsächlich so «authentisch erleben» möchte, wie die Touristen das immer behaupten, dann sollte man am besten hinziehen, eine Weile dort leben und dann ständig übers Wegziehen nachdenken.

ACHTUNG!

Die Zukunft

Es lässt sich nicht mit Sicherheit sagen, wie zukünftige Modelle und Versionen des Menschen denken und aussehen und wozu sie in der Lage sein werden, denn der Menschheit fallen mit exponentiell wachsendem Tempo ständig verrückte neue Dinge und verwirrende neue Techniken ein.

Doch diese Entwicklung ist nicht neu und kein Grund zur Sorge. Es war schon immer so, dass Menschen ganz schlecht die Zukunft vorhersagen konnten. Hätte man einen Menschen vor zweihundert Jahren gefragt, was man für ihn erfinden könnte, um seinen Alltag zu erleichtern, hätte er sicher nicht «Benzin», «Laptops», «Scheibenkäse», «Laser-Augenbehandlungen», «Kühlschränke» oder «Satelliten» gesagt. Nein. Er wäre schon besonders vorausschauend gewesen, hätte er «hellere Kerzen» oder «ein weniger launisches Pferd» geantwortet.

Und so ist es auch heute noch. Die Menschen wissen zwar, dass sie in der Zukunft vor einigen Herausforderungen stehen werden und Probleme lösen müssen, aber sie wissen nicht, welche Werkzeuge und Ideen ihnen dafür zur Verfügung stehen werden. Darum sollten alle Menschen keinesfalls vergessen, dass sie noch nicht zum Untergang verdammt sind, dass die Zukunft ihrer Art noch nicht entschieden ist, sondern offen ist für Ideen, Vorschläge, freundliche Rückmeldungen und hilfreiches Schubsen in die richtige Richtung.

Die Zyniker sollen jedoch nicht von ihrem Zynismus abgehalten, sondern nur gebeten werden, ihre Bemerkungen leise von sich zu geben, damit sie die Idealisten nicht ablenken, wenn diese die Dinge in Ordnung bringen.

HAFTUNGSAUSSCHLUSS

Wir hoffen natürlich, dass Sie mithilfe dieser Gebrauchsanweisung Ihrem Menschen ein unterhaltsames, gesundes und irgendwie nützliches Leben bescheren können, doch wir entschuldigen uns schon im Voraus dafür, dass es unvermeidlich zu unberechenbaren und eigenartigen Situationen kommen wird, was an der unvorhersehbaren Funktionsweise der dem Menschen einprogrammierten *FreierWille*®-Technologie liegt.

Wegen der fast grenzenlosen Verfügungsgewalt des Menschen über seine eigene Realität können wir derzeit leider keinerlei Gewährleistung für die Funktionen Ihres Menschen übernehmen, nachdem die Originalverpackung geöffnet worden ist. Wenn die *FreierWille*®-Technologie einmal aktiviert ist[*], kann Ihr Mensch nicht mehr zurückgesandt, umgebaut, neu formatiert oder ersetzt werden. Er gehört für immer Ihnen und nur Ihnen.

Die wahre Freude und der echte Genuss beim Bedienen eines Menschen liegt jedoch zum Glück nicht darin, dass dieser jeden Morgen aufwacht und dann Glieder und Gedanken wahllos in alle Richtungen schleudert. Sondern darin, dass er sorgfältig und klug aus der fast unbegrenzten Salatbar der Möglichkeiten das Leben *auswählen* kann, das er sich wünscht.

---

[*] Bitte beachten Sie: Wenn Sie reklamieren wollen, dass Ihr Mensch niemals einen *Freien Willen* besessen hat, weisen wir Sie mit allem Respekt darauf hin, dass dies *seine Entscheidung* ist und dass in einem Universum, wo alle Ereignisse vorherbestimmt sind, keine Erstattung des Kaufpreises gewährt werden kann.

Denken Sie jedoch bitte daran, dass jeder verfügbare Mensch ein vollkommen einzigartiges, lustiges, interessantes und bemerkenswertes Modell ist, das so nie wieder existieren wird. Um also das Leben mit Ihrem Menschen so sehr zu genießen, wie es nur menschenmöglich ist, muss Ihr Mensch diese Entscheidung unbedingt selbst treffen.

Viel Glück, viel Spaß, und genießen Sie die Zeit mit Ihrem Menschen auf der Erde.

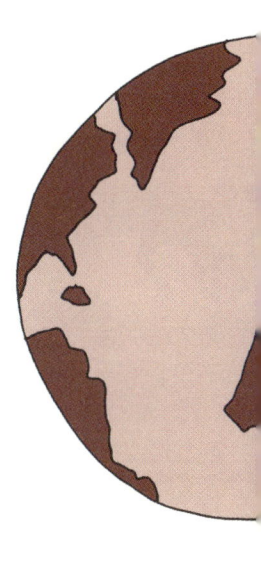